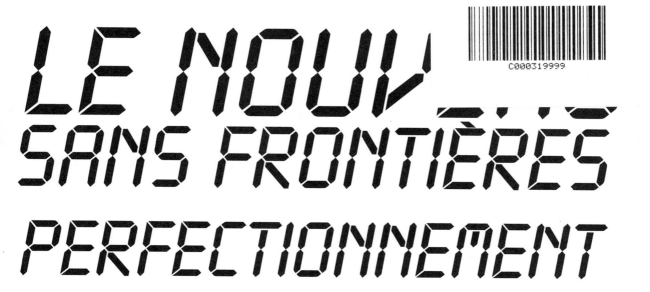

LE NOUVEAU
SANS FRONTIÈRES
PERFECTIONNEMENT

MÉTHODE DE FRANÇAIS

CAHIER
D'EXERCICES

Jeanne VASSAL

C L E
international

27, rue de la Glacière, 75013 PARIS
Présentation et vente aux enseignants :
16, rue Monsieur-le-Prince 75006 Paris

AVANT-PROPOS

Ce Cahier d'exercices est composé de six dossiers qui accompagnent et complètent les dossiers du Livre de l'élève du *Nouveau Sans Frontières Perfectionnement*. Chaque dossier réunit :

• Des outils pour mieux comprendre les documents ; ces outils sont regroupés sous trois rubriques :

La rubrique DOCUMENTS :
Elle contient des informations de civilisation et des matériaux authentiques qui complètent les REPÈRES du Livre de l'élève.
Cette rubrique fonctionne comme une véritable «base de données» et se prête à différentes utilisations :
— au moment de l'étude du dossier correspondant pour illustrer certains textes ;
— lors de l'étude d'un dossier lorsqu'un document se réfère à un sujet abordé ailleurs dans le livre de l'élève ;
— de manière plus générale, comme «manuel de références» socio-économiques.

La rubrique VOCABULAIRE :
Elle propose tout un ensemble d'activités pour exploiter la richesse lexicale des matériaux authentiques du Livre de l'élève.

La rubrique GRAMMAIRE : Test
Comme son nom l'indique, cette rubrique comprend des tests d'auto-contrôle portant sur une trentaine de points grammaticaux. Cette révision – qui n'a rien de systématique – suit, au fil des textes étudiés, l'apparition des principales difficultés de la langue française. La forme de cette rubrique cherche à répondre aux attentes d'élèves de niveau avancé qui souhaitent faire le diagnostic de leurs lacunes – oublis ou manques – pour organiser efficacement des révisons sélectives. Les réponses à ces tests se trouvent en fin d'ouvrage, p. 90.

• Des méthodes pour exploiter les documents.

Cette partie propose des moyens méthodiques et linguistiques pour tirer le meilleur parti des documents correspondants du Livre de l'élève. Elle reprend le découpage en rubriques de l'exploitation pédagogique du même livre : s'informer – apprécier – analyser – comparer – informer – expliquer – convaincre, et propose, pour chaque dossier, des activités de rédaction. L'étude de ces étapes peut être abordée dans un ordre différent pour préparer par exemple les unités A5/A6 du DELF et le DALF.
Pour permettre le réemploi des expressions utilisées dans les documents du Livre de l'élève, nous avons, dans toute la mesure du possible, utilisé comme exemples et supports d'exercices des citations empruntées aux dossiers correspondant au Livre de l'élève. Ces citations sont identifiées dans le Cahier d'exercices par la référence : (LE + n° de la page du Livre de l'élève).

SOMMAIRE

FRANCE : LA NOUVELLE DONNE

DOCUMENTS

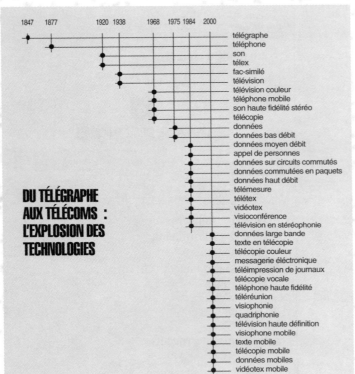

DU TÉLÉGRAPHE AUX TÉLÉCOMS : L'EXPLOSION DES TECHNOLOGIES

1847 1877 1920 1938 1968 1975 1984 2000

télégraphe
téléphone
son
télex
fac-similé
télévision
télévision couleur
téléphone mobile
son haute fidélité stéréo
télécopie
données
données bas débit
données moyen débit
appel de personnes
données sur circuits commutés
données commutées en paquets
données haut débit
télémesure
télétex
vidéotex
visioconférence
télévision en stéréophonie
données large bande
texte en télécopie
télécopie couleur
messagerie électronique
téléimpression de journaux
télécopie vocale
téléphone haute fidélité
téléréunion
visiophonie
quadriphonie
télévision haute définition
visiophone mobile
texte mobile
télécopie mobile
données mobiles
vidéotex mobile

1

Où sont les Français expatriés ? *2*

Il y a 1 585 000 Français expatriés.
Où sont-ils ?

Europe	50 %
Amérique du Nord	7 %
Afrique francophone	13 %
Amérique centrale et du Sud	6 %
Proche et Moyen-Orient	6 %
Asie-Océanie	5 %
Afrique non francophone	1 %
Europe de l'Est	1 %

Enjeux Les Échos n° 92, mai 1994

5

Les moyens d'agir de la région

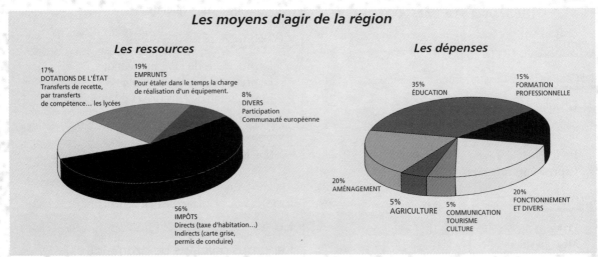

Les ressources

17%
DOTATIONS DE L'ÉTAT
Transferts de recette,
par transferts
de compétence... les lycées

19%
EMPRUNTS
Pour étaler dans le temps la charge
de réalisation d'un équipement.

8%
DIVERS
Participation
Communauté européenne

56%
IMPÔTS
Directs (taxe d'habitation...)
Indirects (carte grise,
permis de conduire)

Les dépenses

35%
ÉDUCATION

15%
FORMATION
PROFESSIONNELLE

20%
AMÉNAGEMENT

5%
AGRICULTURE

5%
COMMUNICATION
TOURISME
CULTURE

20%
FONCTIONNEMENT
ET DIVERS

Les clés de l'actualité, *19/25 mars 1993*

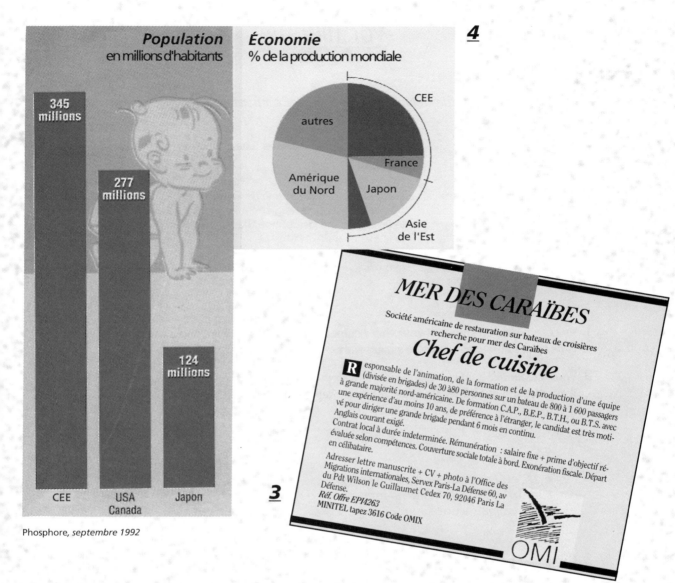

4

Population
en millions d'habitants

Économie
% de la production mondiale

345 millions

277 millions

124 millions

CEE | USA Canada | Japon

CEE

France

Japon

Asie de l'Est

Amérique du Nord

autres

Phosphore, *septembre 1992*

3

MER DES CARAÏBES

Société américaine de restauration sur bateaux de croisières
recherche pour mer des Caraïbes

Chef de cuisine

Responsable de l'animation, de la formation et de la production d'une équipe (divisée en brigades) de 30 à 80 personnes sur un bateau de 800 à 1 600 passagers à grande majorité nord-américaine. De formation C.A.P., B.E.P., B.T.H., ou B.T.S. avec une expérience d'au moins 10 ans, de préférence à l'étranger, le candidat est très motivé pour diriger une grande brigade pendant 6 mois en continu. Anglais courant exigé.

Contrat local à durée indeterminée. Rémunération : salaire fixe + prime d'objectif réévaluée selon compétences. Couverture sociale totale à bord. Exonération fiscale. Départ en célibataire.

Adresser lettre manuscrite + CV + photo à l'Office des Migrations internationales, Servex Paris-La Défense 60, av du Pdt Wilson le Guillaumet Cedex 70, 92046 Paris La Défense.

Réf. Offre EPI4263
MINITEL tapez 3616 Code OMIX

OMI

1. À quel(s) thème(s) du dossier 1 se rattache chacun des documents présentés dans cette double page.

2. Repérez sur le document «Du télégraphe aux télécoms…» les technologies citées dans le dossier 1. Parmi les technologies annoncées pour l'an 2000, lesquelles vous paraissent les plus importantes ?

3. D'après les données fournies sur l'expatriation, quels pays attirent le plus les Français ? À votre avis, pourquoi ?

4. Examinez l'annonce proposée par l'OMI : s'agit-il d'un poste d'exécution ou d'encadrement ? quelles sont les contraintes du poste ? quels en sont les avantages ? que doit-on faire pour poser sa candidature ?

5. D'après les données du document 4 sur la population et l'économie, la Communauté européenne vous semble-t-elle en mesure de jouer un rôle économique important dans le monde ?

6. D'après le graphique «Les ressources» du document 5, les régions vous paraissent-elles indépendantes du pouvoir central pour leur financement ? Quelles indications vous donne le graphique «Les dépenses» quant aux priorités des régions ?

VOCABULAIRE

■ «*Avec l'arrivée des téléphones mobiles, des Alphapages, des télécopieurs…*» *(LE p. 12)*

Les télécommunications (Les télécoms)

Pour transmettre :	Les moyens :
– un document	• la télécopie (télécopier) ou le «fax» («faxer», envoyer, recevoir un fax)
– la voix	• le téléphone – le téléphone de voiture (téléphoner, passer un coup de fil) – le répondeur (enregistrer/laisser un message)
– une image	• la télévision – le visiophone – la téléconférence – la visio-conférence
– un message (lettres ou chiffres)	• le télex (télexer) – le Minitel
– des informations entre ordinateurs	• la messagerie électronique – un modem (lancer, recevoir un message)

1. Vous séjournez en France et vous vous équipez d'un répondeur téléphonique : rédigez le message que vous voulez enregistrer. Lisez-le à haute voix.

2. Vous téléphonez à un correspondant français pour lui annoncer votre prochaine venue en France. Il est absent. Vous laissez un message sur son répondeur.

■ «*C'est l'ordinateur qui s'en charge. L'informatique a changé la manière de concevoir la sécurité.*» *(p. 28)*

L'informatique

• un ordinateur – une station de travail – un terminal – un micro(-ordinateur) ou un ordinateur personnel – un (ordinateur) portable
• la quincaillerie : une unité centrale – un écran – un clavier – une souris – un lecteur de disquettes – un disque dur – la mémoire interne, externe – un périphérique – une imprimante – un lecteur optique – un lecteur de CD Rom
• les logiciels : un système – un programme – une application – un fichier
• les traitements : une transaction – un traitement
• saisir, entrer, stocker, traiter, sauvegarder des données
ouvrir, lire, fermer, «écraser» un fichier – ouvrir, quitter une application
éditer des données, un «listing»

3. Complétez les phrases suivantes par l'un des mots du mini-lexique ci-contre :

1. Comme il voyage beaucoup, il s'est acheté un .... qu'il utilise dans le train ou l'avion. Arrivé à l'hôtel, il transmet par l'intermédiaire du téléphone les .... qu'il a stockées à .... central situé à Paris.

2. Le .... de CD Rom révolutionne le monde de l'informatique en permettant de stocker des millions d'informations sur un petit ....

3. Attention ! Si vous travaillez longtemps devant votre ...., le rayonnement émis peut être, à la longue, dangereux pour la vue.

4. Allô ! Que dois-je faire ? Au cours d'une .... , j'ai écrasé par mégarde un

.... important.

5. Un conseil : pour choisir votre .... , tenez compte du nombre de pages tirées à l'heure et de la qualité de l'impression souhaitée.

4. Vous possédez un ordinateur personnel que vous voulez vendre. Rédigez une petite annonce destinée à la page «Bonnes Affaires» d'un journal professionnel d'informatique.

■ *«Un dialogue de sourds.» (LE p. 26)*

Quelques expressions imagées qui tournent autour... de la tête

Les yeux
«Avoir les yeux plus grands que le ventre»
«Mon œil !»
«En jeter plein la vue»
«En un clin d'œil»
«Regarder du coin de l'œil»
«Entre quat'z'yeux»

La tête
«Avoir la grosse tête»
«Faire la tête»
«En tête à tête»
«Une tête de lard»

Le nez
«À vue de nez»
«Avoir quelqu'un dans le nez»
«Avoir le nez creux»

La bouche
«Faire la fine bouche»
«Serrer les dents»
«Avoir un mot sur le bout de la langue»
«Avoir un chat dans la gorge»
«Avoir une grande gueule»
«Ta gueule !»

L'oreille
«Avoir l'oreille de quelqu'un»
«Un dialogue de sourds»
«Faire la sourde oreille à...»
«N'écouter que d'une oreille»

5. Transformez ces phrases pour utiliser l'une des expressions relatives à la tête :

1. Ne t'inquiète pas : il crie beaucoup, mais ce n'est pas un méchant homme. *(fam.)*
2. Le service de sécurité a bien fait d'interdire l'utilisation de ce produit : on sait maintenant qu'il est très dangereux. *(fam.)*
3. N'écoutez pas ces rumeurs, elles ne sont absolument pas fondées !
4. Les deux ministres des Affaires étrangères se sont rencontrés seul à seul et leur rencontre a duré plus d'une heure.
5. On dit que les avis de Xavier Legrand sont très écoutés par le Président.
6. Le capitaine de l'équipe de France – battue 5 à 0 sur son propre terrain – écoutait les huées du public sans dire un mot.
7. Vous m'en voulez ? – Non ! – Alors, pourquoi bouder ?
8. Ce manteau a beau ne pas être cher, il fait un effet terrible ! *(fam.)*
9. Si j'étais lui, je ne serais pas aussi difficile et j'accepterais ce poste, même si ce n'est pas très bien payé au début.
10. Comme ça, sans vérifier, je dirais que ce magasin est très mal placé !

■ «*Nous pouvons aller vers des aciéries sans ouvriers…*» *(LE p. 9)*

Les différents sens du verbe «aller»

6. Remplacez le verbe «aller» par l'un des verbes plus précis de la liste suivante :

convenir – être adapté à – être en jeu – marcher – partir – rouler – se décourager – se diriger – se porter – se rendre

1. Des TGV qui (vont) à 300 km/h.
2. Tous les matins, il (va) à pied jusqu'à son bureau.
3. Il faut désormais une heure pour (aller) de Paris à Dijon par le train.
4. Mon grand-père (va) de mieux en mieux depuis son opération.
5. Nous pouvons (aller) vers des aciéries sans ouvriers.
6. Il s'en est (allé) comme il était venu.
7. Cette solution me (va) très bien.
8. Ce n'est pas cette clé qui (va) dans cette serrure.
9. Il y (va) de notre honneur.
10. Ne te laisse pas (aller) !

GRAMMAIRE

TEST

■ «*Nos enfants sont-ils des mutants ?*» *(LE p. 8)*

1. Faut-il un déterminant devant le nom et si oui, lequel : article défini ? article indéfini ? adjectif possessif ? adjectif démonstratif ? Complétez ces énoncés :

1. Comment expliquer .... paradoxe suivant ? .... France ne manque pas .... logements, mais trouver .... location à .... Paris ou dans .... grande ville est, la plupart .... temps, presque impossible.

2. .... trac n'est pas .... maladie, mais il fait beaucoup .... victimes parmi .... comédiens, ... hommes politiques, ... étudiants.

3. .... région Midi-Pyrénées dispose .... vastes surfaces non construites, mais peu à peu .... béton envahit tout .... paysage.

4. Pour .... quatrième fois, s'ouvre .... Paris – .... 18 .... 25 octobre – .... Semaine de .... architecture qui propose .... professionnels et .... grand public : visites guidées, débats, rencontres, expositions, autant .... occasions de porter .... autre regard sur .... ville.

5. Connaissez-vous .... mini-déprime .... lundi matin ? Elle est sans doute due .... fait que vous n'avez pas bu .... dose habituelle .... café pendant .... week-end. Vous êtes en manque .... caféine !

■ «*On trompe le client*» *(LE p. 16)*

2. «On, quelqu'un, quelque chose, tel, rien, tout, personne, le meilleur, les uns, les autres, certains, etc.» Savez-vous bien utiliser les pronoms indéfinis ? Complétez ces énoncés avec les pronoms qui conviennent :

1. « .... ne va plus !» affirment les pessimistes. «Au contraire, ... va très bien !» répliquent les optimistes.

2. Il y a encore .... au bureau ? – Mais non, il n'y plus .... à cette heure !

3. Vous avez fait .... d'important dans votre vie ? – Hélas ! Je n'ai .... fait qui mérite d'être cité.

4. Est-ce qu' .... sait s'il va pleuvoir demain ?

5. Pourquoi le maire n'a-t-il pas suivi l'avis de son adjoint ? – Oh ! vous savez, ... n'est prophète dans son pays !

6. La situation est .... qu'il faut prendre immédiatement des mesures impopulaires.

7. Parmi les membres du Comité olympique, ... voudraient organiser les prochains jeux d'été à Paris.

8. Elles sont bien, ces chaussures, mais elles sont un peu petites. Vous auriez .... en 39 1/2 ?

9. D'où viennent les nouveaux mots employés dans ce texte ? – .... sont des néologismes, ..., des anglicismes.

10. Vous avez trouvé une solution pour l'hébergement des participants ? – Nous en avons trouvé ...., mais .... c'est de réserver des chambres dans l'hôtel où a lieu le colloque. Cela évite tous les déplacements.

11. Les salariés qui travaillent à domicile sont-ils satisfaits de leur situation ? Pas .... : par exemple, les mères de famille se plaignent presque .... de l'absence de frontière entre la maison et le bureau.

■ *«Il faut faire les régions sans défaire la France.» (LE p. 23)*

3. Il y a plusieurs façons de construire une phrase à l'aide des tournures impersonnelles. Transformez ces énoncés en commençant par la tournure proposée :

1. Il est grand temps, pour nous, d'inventer une nouvelle méthode de travail.

   Il est grand temps que nous ....

2. Les petites entreprises se doivent de trouver des marchés à l'exportation.

   Il est indispensable ....

3. Cette idée peut paraître fantaisiste : elle est cependant très sérieuse.

   Il est possible ....

4. Vous ne pouvez pas ne pas venir !

   Il est impossible ....

5. Ils n'ont pas compris ? C'est invraisemblable !

   Il est invraisemblable ....

6. Le cours de ces actions va remonter ? J'en doute !

   Il est certain ....

7. L'unification de l'Allemagne était impensable au lendemain de la Seconde Guerre mondiale.

   Il était impensable ....

■ «*L'autre voie consiste à ouvrir le débat social...*» (LE p. 9)

4. **Complétez par la préposition qui convient. Le signe ø indique qu'il n'y a pas lieu de mettre une préposition. Attention à l'orthographe !**

1. Qui décide dans ce cas ? – Bonne question, mais c'est trop difficile .... y répondre.
   a. *à*   b. *de, d'*   c. *ø*

2. Les pilotes de ce nouvel avion sont soumis .... toutes sortes d'exercices pendant leur entraînement.
   a. *à*   b. *de, d'*   c. *ø*

3. Il a tout quitté .... s'installer à la campagne avec sa famille.
   a. *dans*   b. *pour*   c. *ø*

4. Quand on lit les pages consacrées à Midi-Pyrénées, on comprend mieux .... le déséquilibre dont souffre cette région.
   a. *de, d'*   b. *sur*   c. *ø*

5. Vous allez .... le dentiste cet après-midi ? – Oui, j'ai un rendez-vous à 15 h 30.
   a. *chez*   b. *à*   c. *ø*

6. Les industriels de l'automobile se sont mis .... une situation très difficile en acceptant ces modifications des horaires de travail.
   a. *sous*   b. *dans*   c. *ø*

7. La nouvelle majorité au Parlement s'est emparée .... tous les postes ministériels importants.
   a. *de, d'*   b. *à*   c. *ø*

8. Les élèves .... 1ʳᵉ B .... lycée de la Communication se sont constitués .... trois équipes autonomes.
   a. *en*   b. *de, d', du*   c. *ø*

■ «*Y a-t-il des éléments positifs dans la manière dont notre langue évolue ?*» (LE p. 10)

5. **L'interrogation directe est parfois un peu difficile à construire. Transformez ces énoncés en interrogations directes avec inversion du sujet.**

Exemple : Est-ce qu'il y a des éléments positifs dans la manière dont notre langue évolue ?
   → Y a-t-il des éléments positifs dans la manière dont notre langue évolue ?

1. Qu'est-ce que vous allez penser de moi ?
2. Vous disposez de combien d'argent ?
3. Nos enfants sont des mutants ?
4. Il n'a pas pris le train, pourquoi ?
5. Cette femme ne peut vraiment pas supporter la critique ?
6. Qu'est-ce qu'on aurait pu faire pour éviter l'accident de l'Airbus A 320 ?
7. Est-ce qu'on a jamais félicité un tricheur d'avoir triché ?
8. Il n'y a pas moyen d'accélérer le mouvement ?
9. Vous avez remis votre dernière note de frais à la comptabilité ?
10. Est-ce que les Français sont en train de changer d'attitude à l'égard de l'argent ?

S'INFORMER

LIRE UN DOCUMENT DE PRESSE

▬▬ Repérer les éléments

Un document de presse est constitué des éléments suivants :

le bandeau
précise la rubrique

le titre
indique, en principe,
le thème de l'article

les intertitres
introduisent les
différentes parties
ou résument
partiellement les
idées principales

le surtitre
situe les faits dans
leur contexte

le chapeau
introduit le thème de
l'article

la signature
la source

Le titre
Dans la presse et les essais, le titre, souvent, ne sert plus à situer le
sujet d'un article : il a pour fonction principale d'«accrocher» l'attention
du lecteur et de susciter sa curiosité.
Les titres des articles sont de plus en plus sophistiqués et sont construits
sur des jeux de mots et des connotations culturelles difficiles à comprendre si l'on ne suit pas l'actualité de très près.

1. Examinez le sommaire du dossier 1 dans le Livre de l'élève et classez les titres selon l'exemple suivant :

Titres explicites : *Économie – Le monde va changer de bases.*

Titres allusifs : *France – La nouvelle donne* (expression empruntée au jeu de cartes)

2. Dans le dossier 1, repérez les articles qui comportent un titre + un chapeau. Dans chaque cas, comment est rédigé ce chapeau : question, paraphrase du titre, information nouvelle par rapport au titre, etc. ?

3. Rédigez un chapeau pour l'un des textes du dossier qui n'en possède pas.

4. Voici une série de titres d'articles parus dans la presse française (colonne 1) : reliez chaque titre à l'explication correspondante (colonne 2) :

1. My fer Lady (*Libération*)
2. Les Verts voient rouge (*Le Point*)
3. Sainte-Beuve… Sainte-Bévue (*Le Nouvel Observateur*)
4. Grosses têtes, mode d'emploi. (*SVJ*)
5. Poing à la ligne (*Le Nouvel Observateur*)
6. Les Travaux d'Hercule des Bleus (*Le Quotidien*)
7. En être ou pas (*Le Monde*)
8. Le temps se Gatt (*Le Point*)
9. Si les nappes pouvaient parler… (*L'Expansion*)
10. Agences photo : soleil voilé (*Enjeux — Les Échos*)

a. À propos d'une biographie du célèbre écrivain du XIX\e siècle
b. À propos de la biographie du boxeur Mike Tyson
c. Comment former les surdoués
d. Comment participer à la FIAC (Forum internationale d'art contemporain)
e. L'élection de Madame Thatcher
f. La colère des écologistes
g. La crise des agences d'images
h. Les difficiles négociations commerciales internationales
i. Les matchs difficiles qui attendent l'équipe française de basket-ball
j. Les petits secrets des grands restaurants français

▰▰▰ Identifier qui dit quoi

1er cas : l'auteur s'adresse personnellement au lecteur

• Il s'adresse directement a lui : *«Ne ratez pas votre saut technologique !»* (LE p. 8)

• Il s'exprime à la 1re personne (du singulier ou du pluriel) : *«Pour rendre compte de cette modification de l'espace et du temps, nous avons choisi…»* (LE p.14)

2\e cas : l'auteur s'adresse au lecteur d'une manière impersonnelle

• Il utilise le pronom indéfini «on» : *«On peut s'inquiéter de la faible taille de certaines régions…»* (LE p. 23)

• Il utilise une tournure impersonnelle : *«Il est temps, grand temps, d'inventer un nouveau code…»* (LE p. 13)

5. Relevez dans les textes du dossier 1 des exemples qui illustrent les différentes formes d'intervention de l'auteur dans son récit.

6. Dans le texte «La rançon du progrès», l'auteur utilise les pronoms «nous» et «on» : dans quels cas emploie-t-il l'un et l'autre ?

3\e cas : l'auteur cite quelqu'un

• Il utilise le discours rapporté direct : la citation est signalée par la typographie et la ponctuation : *Accueillis avec des cris de joie, «quand il pleuvra, les enfants pourront se servir du micro», les deux nouveaux venus furent très vite victimes d'un rejet total. «Papa joue plus avec eux qu'avec nous», fut le sentiment général.* (LE p. 12)

• Il utilise le discours rapporté indirect à l'aide d'un verbe + «que/de/à» :
*«Yves Lasfargue **évalue** à 30 % les salariés poursuivis dans leur intimité
par les moyens modernes de communication.»* (LE p. 12)

Quelques verbes pour introduire le discours rapporté indirect

Verbes neutres	Verbes qui traduisent une intention	Verbes qui sous-entendent un jugement de valeur sur l'information citée
dire		
déclarer	espérer	
annoncer	se demander si	admettre
raconter	s'interroger sur	reconnaître
noter	préciser	prétendre
rapporter	évaluer	soutenir
répondre	souligner	prétexter
penser	résumer	s'imaginer
exprimer «+ *substantif*»	suggérer	~~reconnaître~~
	affirmer ≠ nier	raconter
	recommander	s'étonner de
	réclamer	
	révéler	
	s'inquiéter	
	juger	
	regretter ≠ se féliciter	

(handwritten annotations: «nom», «?», «Prenez une position»)

7. Recherchez les procédés du discours rapporté direct utilisés pour introduire une citation dans l'un des textes suivants : «Halte au harcèlement faxuel !» (LE p. 12), «S'expatrier au Canada» (LE p. 17), «Lycée des Arènes» (LE p. 32).

8. Complétez les phrases suivantes par l'un des verbes ci-dessus pour traduire la nuance exprimée dans la phrase ou dans le commentaire entre parenthèses :

1. Le gouvernement *s'imagine* que l'économie «sortira du tunnel» à la fin de l'année.
(dans un journal de l'opposition)

2. Le ministre du Travail *affirme* la création de 10 000 emplois nouveaux dans le bâtiment.
(un porte-parole du gouvernement)

3. Même chez les opposants à la fusion, on *se félicite de* la réussite d'une opération délicate. *admet*
(exprimer sa satisfaction)

4. Dans l'entourage du rédacteur en chef, on *a admis* qu'une erreur grave a été commise
dans l'appréciation des informations transmises.

soulignent

5. «L'objectif des écologistes n'est pas, *expriment*-ils, de taxer plus mais mieux, ou différemment» *(neutre)*

6. Les chefs d'entreprises *ont reconnu reconnaissent* des dangers de la délocalisation pour l'emploi local.

7. Les salariés de cette entreprise *s'inquiètent* de ne pas avoir encore reçu leur salaire du mois précédent.

8. Le directeur de la communication *a déclaré* que sa nouvelle politique commerciale est centrée sur la parfaite qualité des produits.

9. Le rapporteur de la Cour des comptes *a révélé* que beaucoup d'institutions ont gaspillé les fonds publics.

10. Le porte-parole de l'Élysée *a annoncé* que le Président assistera au prochain sommet de la francophonie.

9. Récrivez les deux premiers paragraphes de l'article «S'expatrier au Canada» (LE p. 18) en discours indirect.

RÉDIGER

▰▰ **Une fiche de lecture**

Vous souhaitez conserver la trace d'un article ou d'un texte plus important : livre, polycopié, etc.
Vous pouvez utiliser une fiche comme celle-ci :

Titre Lire la presse pour… résumer, commenter et débattre	**Nature** Manuel FLE	
	Éditeur CLE International	
Auteur Catherine Descayrac	**Année** 1993	
	Nb pages 96	
Résumé des idées principales Textes extraits de la presse écrite et activités pour apprendre à : – lire pour résumer (résumer pour communiquer et résumé-exercice – commenter un article de presse.	**Opinion** Méthode de lecture efficace. Rubrique : «dire autrement» très utile pour l'enrichissement du vocabulaire.	
Mots directeurs Langue française – Presse française – Résumé		

Quelques procédés linguistiques pour exprimer brièvement une idée

> **La nominalisation : une proposition ➡ un nom**
> Il serait très précieux pour nous que vous puissiez nous aider sur le plan financier. *(15 mots)*
> → Votre aide financière nous serait très précieuse. *(17 mots)*

> **La proposition elliptique**
> *Les villes sont devenues les vrais centres du pouvoir. Pouvoir financier certes. Mais surtout, pouvoir politique.*

	L'infinitif
Employé seul	**Bousculer** les gens pour monter le premier : quel toupet ! **Rouler** sans ceinture ! Vous n'y pensez pas !
Dans une phrase interrogative	À qui **parler** ? Comment **payer** ? Que **faire** ?
Dans une consigne	**Ouvrir** le paquet – **sortir** les pièces – **choisir**…
Nom + infinitif	Une aiguille à **tricoter**
Adjectif + infinitif	Nous serions heureux de vous **rencontrer**…
Verbe + infinitif (seulement quand les deux verbes ont le même sujet)	Il faut manger pour **vivre**. Elle cherche à **plaire**. On est prié de frapper avant d'**entrer**. Je veux **dormir**.

10. **Ces phrases sont très longues : récrivez-les pour réduire le nombre de mots.**

1. Les aéroports français ont été paralysés par une grève très dure du personnel au sol. *(15 mots)*

2. Le fait d'élire le président de la République au suffrage universel permet aux institutions de la Vᵉ République d'être stables. *(20 mots)*.

3. Les hôpitaux français vont être obligés de multiplier par deux dans un délai de trois ans le nombre de lits qui seront destinés à recevoir les toxicomanes. *(27 mots)*.

4. Si vous vous abonnez pour un an, il vous sera possible de profiter à titre gratuit de notre service de renseignements personnalisés. Toute notre équipe est à votre disposition et nous répondrons à toutes les questions que vous voudrez bien nous poser, qu'elles soient d'ordre technique ou économique. *(48 mots)*.

5. Dans les années 80, les entreprises avaient pour préoccupation principale de gagner les batailles de la productivité et de la qualité. La question qui préoccupe le plus ces mêmes entreprises dans la décennie 90 est d'être capables de changer rapidement, pour être en mesure de suivre l'évolution de la technique et de la demande. *(54 mots)*

11. **Choisissez un document du dossier 1 et rédigez une fiche de lecture sur le modèle ci-dessus p. 17.**

Une grille de prise de notes

Pour prendre plus facilement des notes lors d'une réunion, d'un entretien ou à partir d'une émission de radio ou de télévision, vous pouvez utiliser une grille de prise de notes :

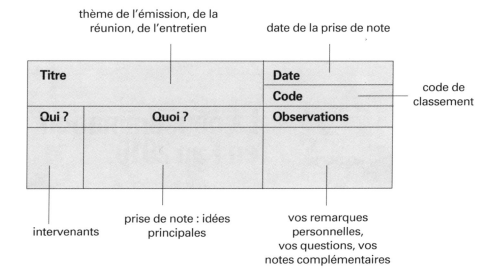

thème de l'émission, de la réunion, de l'entretien

date de la prise de note

Titre	Date
	Code
Qui ?	Quoi ?	Observations

code de classement

intervenants

prise de note : idées principales

vos remarques personnelles, vos questions, vos notes complémentaires

Quelques outils pour prendre des notes

Les abréviations

– On écrit l'abréviation et on prononce le nom entier :

M. (monsieur)
Mme (madame)
Mlle (mademoiselle)
Ets (établissements)
Sté (société)
PS (post scriptum)
PJ (pièce jointe)
BP (boîte postale)

– On écrit l'abréviation et on prononce chaque lettre :
TGV (train à grande vitesse)
CNPF (Conseil national du patronat français)
– On forme un nouveau mot avec les lettres de l'abréviation :
SMIC (salaire minimum interprofessionnel de croissance)
Benelux (Belgique-Nederland-Luxembourg)

Les symboles

→ conséquence, voir tel point, aller à
= égal, équivalent à
≠ différent de
<-> opposé
↗ en augmentation
↘ en diminution

12. Écoutez l'enregistrement : «L'Europe des citoyens» (LE p. 21) et prenez des notes en utilisant une grille de prise de notes qui s'inspire du modèle ci-dessus.

2

60 000 000 DE CONSOMMATEURS-CAMÉLÉONS

DOCUMENTS

Si j'étais riche... **1**

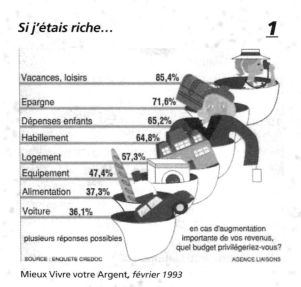

Vacances, loisirs	85,4%
Epargne	71,6%
Dépenses enfants	65,2%
Habillement	64,8%
Logement	57,3%
Equipement	47,4%
Alimentation	37,3%
Voiture	36,1%

plusieurs réponses possibles

en cas d'augmentation importante de vos revenus, quel budget privilégieriez-vous?

SOURCE : ENQUETE CREDOC   AGENCE LIAISONS

Mieux Vivre votre Argent, *février 1993*

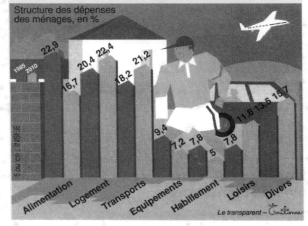

La consommation en l'an 2010

Structure des dépenses des ménages, en %

1985 / 2010

Alimentation 22,9 / 16,7
Logement 20,4 / 22,4
Transports 18,2 / 21,2
Equipements 9,4 / 7,2 7,8
Habillement 5 / 7,8
Loisirs 11,8 / 13,5
Divers 15,7

Le transparent – *Camilienne*

2

Mieux Vivre votre Argent, *octobre 1991*

4

SANTÉ : LES FRANÇAIS CONSOMMENT !

Pour leur santé, les Français ne regardent pas à la dépense. Pour preuve, la consommation médicale par habitant a augmenté à un rythme soutenu au cours des cinq dernières années : +7,6 % par an en moyenne entre 1987 et 1992, ce qui porte la dépense par Français à 10674 F, selon les dernières estimations. On remarque toutefois une légère décélération du taux de croissance qui, de 9 % en 1989, est revenu à 6,5 % en 1992.

Qui a payé ces 10674 F ? La Sécurité sociale pour 74,4 %, l'État et les collectivités locales pour 0,9 %, les mutuelles pour 6,1 %, les assurances pour 3,4 %, enfin les ménages qui ont sorti directement de leur poche 1622 F, soit 15,2 % du total..

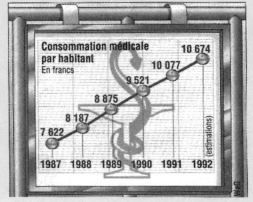

Consommation médicale par habitant
En francs

1987	1988	1989	1990	1991	1992
7 622	8 187	8 875	9 521	10 077	10 674

(estimations)

Mieux Vivre votre argent, *octobre 1993*

QUEL METIER

Quel Métier Exercez-Vous

NOUS VOULONS
MIEUX VOUS CONNAITRE
POUR MIEUX VOUS SERVIR

BNP

■ DITES NOUS CE QUE VOUS FAITES...

Les professions évoluent, se diversifient. Les métiers bougent, changent parfois de nom.

Pour tenir compte de ces transformations, les pouvoirs publics ont mis au point une nouvelle nomenclature des Professions et Catégories socio-professionnelles (PCS).

Comme beaucoup d' autres acteurs de la vie économique, la BNP doit actualiser les données dont elle dispose en ce qui concerne ses clients.

Pour cela, nous avons besoin de votre aide : qui mieux que vous sait ce que vous faites dans la vie?

■ ...NOUS POURRONS MIEUX REPONDRE A VOS ATTENTES

Commerçant ou technicien, fonctionnaire ou médecin, étudiant ou retraité... vous n' avez pas tous les mêmes besoins vis-à-vis de votre banque.

Pour être en mesure de vous proposer des conseils personnalisés, adaptés à votre situation professionnelle, nous devons connaître avec précision votre métier actuel.

* Conformément à la loi dite "informatique et liberté" du 6 janvier 1978, vous avez le droit d' accès et de rectification pour toute information vous concernant sur le fichier de la BNP en vous adressant à notre siège social.

Source : BNP

1. À quel(s) thème(s) du dossier 2 se rattache chacun des documents présentés dans cette double page ?

2. Repérez dans l'article «Citoyen-consommateur» (LE. p. 36) les informations empruntées au tableau de l'enquête Crédoc «Si j'étais riche…» (document 1). Quelles données n'ont pas été utilisées ? Quelles informations supplémentaires apporte le texte par rapport au tableau ?

3. Comparez les résultats de cette même enquête et les prévisions de l'INSEE sur «La consommation en l'an 2010» (document 2) : la projection sur l'avenir confirme-t-elle ou infirme-t-elle les rêves actuels des Français ? pour quels postes de dépenses ?

4. Quel texte du dossier 2 est illustré par le dépliant de la BNP (document 3) ? Quel est l'objectif déclaré de cette enquête ? Quels arguments la banque utilise-t-elle pour convaincre ses clients de répondre ? Quels pourraient être les buts cachés de la banque ?

5. Comparez la croissance annuelle des dépenses de santé (document 4) avec la croissance de la consommation française de médicaments citée dans l'interview «Le médicament en France» (LE p. 48). Outre les médicaments, quels autres postes recouvre l'expression «dépenses de santé» ?

VOCABULAIRE

■ *«Le consommateur ne se comporte plus en machine… » (LE p. 37)*

1. Complétez les énoncés suivants à l'aide des mots ci-contre.

[handwritten: exhausted]

La consommation
- les habitudes de consommation – la structure de la consommation
- un consommateur (une consommatrice) – la défense du consommateur – un(e) client(e) – la clientèle – un magasin bien achalandé (qui a beaucoup de chalands – de clients)
- un achat – le télé-achat
- consommer – acheter – se procurer
- une dépense
- dépenser – gaspiller

[handwritten margin note: prix littéraire? comme Booker?]

1. Nous n'avons pas réussi *à se procurer* le dernier prix Goncourt : il est déjà épuisé !

2. Inutile de *gaspiller* votre argent en *achetant des produits* inutiles.

3. La *structure* de la consommation en France a beaucoup évolué au cours des vingt dernières années.

4. Il est intéressant de connaître les *habitudes de consommation* des Français pour proposer des produits adaptés à la demande.

5. Les statistiques montrent qu'en période de crise les Français *dépensent* moins et essaient d'épargner plus.

2. Quel(le) consommateur (consommatrice) êtes-vous ? Tracez votre portrait en précisant par exemple les points suivants : vos réactions à la publicité, vos moyens préférés d'information, vos lieux préférés d'achat, vos comportements d'achat…

■ *«Chambardement dans les services marketing». (LE p. 37)*

Le commerce
- le commerce de détail – le petit commerce – un magasin – une boutique
la grande distribution – un grand magasin – une supérette
une grande surface : un supermarché – un «hyper» (marché)
la vente par correspondance (VPC) – le télé-achat
- la commercialisation – la distribution – la vente – les ventes
- le marché – l'étude de marché – le marketing
- l'analyse des ventes – la publicité – la promotion des ventes – la promotion sur le lieu de vente (PLV)
- un vendeur (une vendeuse) – un chef de rayon
- commercialiser – distribuer – vendre – promouvoir (un produit, une ligne de produits, un service)

3. Voici cinq définitions : à quels mots de la liste ci-dessus se rapportent-elles ?

1. Une technique de vente qui consiste à vendre à l'aide d'un catalogue présentant les produits : le client commande les articles choisis par courrier et les reçoit à domicile.
2. Le responsable d'un secteur d'activités d'un magasin.
3. Les techniques qui permettent de présenter les produits sur les rayons et dans les vitrines.
4. La fonction qui englobe l'étude du marché, du produit, des conditions de ventes.
5. Une petite «grande surface» à proximité des immeubles d'habitation, où l'on trouve un choix limité des produits les plus demandés.

■ *«On fait que manger… » (LE p. 38)*

4. Ces expressions imagées utilisent le vocabulaire de l'alimentation. Reliez chaque expression à sa définition :

1. boire du petit lait
2. tomber dans les pommes
3. en faire tout un fromage
4. ne pas être dans son assiette
5. en rester baba
6. être une véritable soupe au lait
7. en parler entre la poire et le fromage
8. manger à tous les râteliers
9. tirer les marrons du feu
10. s'en aller en eau de boudin
11. mettre de l'eau dans son vin
12. il y a là à boire et à manger
13. on ne fait pas d'omelette sans casser d'œufs
14. avoir la tête en compote
15. faire des salades
16. avoir un cœur d'artichaut
17. mettre les pieds dans le plat
18. faire le poireau
19. pédaler dans la choucroute
20. avoir un œil au beurre noir

a. aborder une question à la fin du repas
b. attendre quelqu'un longtemps *(familier)*
c. créer des problèmes *(populaire)*
d. avoir l'esprit confus *(populaire)*
e. être frappé d'étonnement *(familier)*
f. être gratifié
g. se montrer conciliant *(familier)*
h. exagérer l'importance d'une affaire
i. impossible d'obtenir un résultat sans effort et sacrifices
j. intervenir maladroitement
k. ne pas se sentir bien *(populaire)*
l. on y trouve un mélange de bonnes et de mauvaises choses *(péjoratif)*
m. s'émouvoir facilement
n. profiter sans scrupules de toutes les occasions
o. s'évanouir *(familier)*
p. se dit d'une affaire bien commencée qui se termine sans résultats
q. se donner du mal pour le seul profit de quelqu'un d'autre
r. se mettre facilement en colère
s. souffrir d'un hématome à l'œil *(familier)*
t. souffrir d'une migraine *(familier)*

■ *Le médicament en France : comme le vin et le fromage ! (LE p. 48)*

La santé

• la santé – la maladie – la médicalisation – les soins médicaux
• un(e) malade – un(e) patient(e)
• soigner – se soigner – prendre un médicament – être convalescent – guérir –
se remettre de… *(familier)* – être en bonne santé ≠ être souffrant, être malade
• un médecin (le docteur X) – un généraliste – un spécialiste –
le cabinet d'un médecin – une clinique – un dispensaire – un hôpital
une consultation médicale – consulter un médecin
une ordonnance – rédiger (faire) une ordonnance – prescrire un médicament
• un pharmacien – l'industrie pharmaceutique – un laboratoire pharmaceutique
• un remède – un médicament – un médicament de confort – délivrer un médicament
• les métiers para-médicaux – un(e) infirmier(-ière)

■ *«L'ensemble des phénomènes polysensuels» (LE p. 38)*

5. Que signifient les mots suivants, formés à l'aide du préfixe «poly» qui a le sens de «plusieurs» ? :

polyvalent – la polygamie – polycopier – la polyphonie – polyglotte – l'École polytechnique

6. Cette notice accompagne un médicament. Complétez cet extrait à l'aide des mots du mini-lexique «La santé» :

CONSEILS AUX ....

Les informations et conseils suivants vous sont donnés par l'industrie

.........................., les professions de .... et les organisations

de consommateurs. [...]

• Suivez attentivement les conseils de votre .... ou de votre

....

• Signalez systématiquement à votre ...., comme à votre

........................., les .... que vous prenez déjà, avant qu'il

ne rédige une .... ou ne délivre un ....

GRAMMAIRE

TEST

■ «*La nouvelle pauvreté*» – «*la prospérité flamboyante*» *(LE p. 36)*

1. Où mettre l'adjectif qualificatif ? Dans les énoncés suivants, placez les adjectifs qualificatifs correspondant aux mots soulignés à la place qui convient, en les accordant si nécessaire :

1. Depuis des <u>années</u>, les <u>voitures</u> ont envahi le marché européen. (nombreux, japonais)
2. Maintenant, les jeunes veulent surtout prendre du <u>temps</u>. (bon)
3. Au cours de l'<u>année</u>, le nombre d'hypermarchés en France a encore augmenté. (dernier)
4. Les Français consacrent une <u>part</u> de leurs dépenses aux loisirs. (important)
5. <u>Agrippine</u>... Elle a fait encore parler d'elle dans la presse ! (cher)
6. Les <u>produits</u> sont souvent des <u>produits</u>. (vert) (cher)
7. <u>Garçon</u> ! Quand on pense qu'il a dû accepter d'installer un fax et un terminal d'ordinateur chez lui ! (pauvre)
8. Les <u>pays</u> ont besoin de développer leur industrie et leurs infrastructures. (pauvre)
9. La question que vous posez est une <u>question</u> ! (faux)
10. Le goût des Français pour le tourisme à la campagne va entraîner un <u>développement</u> des <u>parcs</u>. (certain) (naturel)
11. La <u>cohésion</u> est l'<u>objectif</u> du <u>gouvernement</u>. (social) (prioritaire) (nouveau)
12. Comme beaucoup d'hommes de sa génération, cet <u>homme</u> était de <u>taille</u>. (grand) (petit)

■ «*En signant la charte, les agriculteurs se sont engagés...*» *(LE p. 57)*

2. L'accord du participe passé est parfois difficile. Trouvez les participes passés des verbes entre parenthèses et accordez-les :

1. Les décisions que vous avez (prendre) sont catastrophiques.
2. «Je ne veux pas être (punir)» répétait la petite Amélie à ses parents.
3. La viande que j'ai (acheter) hier n'est pas fraîche.
4. Déjà (utiliser) dans certains pays, les cartes «porte-monnaie» vont être (expérimenter) en France.
5. (Voir) le nombre de clients qui font la queue au moment du déjeuner, la direction du supermarché a (décider) de doubler le nombre de caisses qui seront (ouvrir) entre midi et deux heures.

6. «Nous sommes (convaincre) que nos produits sont les meilleurs», affirment les responsables commerciaux de cette société.

7. D'après une enquête que notre revue a (effectuer) en avril, 40 % des consommateurs disent être plus (concerner) par la qualité des produits que par les prix.

3. **Dans les énoncés suivants, accordez les participes passés aux temps indiqués.**

1. Après une longue promenade, les enfants (s'endormir/passé composé) en arrivant.

2. Comment (passer/passé composé) vos vacances ? – Bien, mais nous (s'ennuyer/passé composé) un peu.

3. Elle (accepter/passé composé) de payer 3 500 F pour ce vieux téléviseur ? – Oui, elle (se laisser/passé composé) faire et elle (avoir/passé composé) bien tort.

4. Corinne, tu (se laver/passé composé) les mains ?

5. Les anomalies que vous (pouvoir/passé composé) constater disparaîtront peu à peu.

6. Dans cette affaire, le gouvernement (obtenir/passé composé) toute l'aide qu'il (vouloir/passé composé).

7. La direction du marketing de cette société (ne pas faire/futur antérieur) tous les efforts qu'elle (devoir/conditionnel passé). Cela explique en partie les mauvais résultats de cette année.

8. Avec la chaleur qu'il (faire/passé composé), les ventes de vêtements d'automne et d'hiver (être/passé composé) presque nulles.

9. (Ci-joint) les documents que vous nous (demander/plus-que-parfait).

10. Veuillez trouver, (ci-joint), la copie de la lettre que nous (adresser/passé composé) à l'inspecteur des impôts.

11. Plusieurs participants (s'absenter/passé composé) au moment du vote. C'est inadmissible !

12. Je (être désolé/présent de l'indicatif) : je (perdre/passé composé) les documents que vous me (confier/plus-que-parfait).

■ *«On nous l'a bien changé. » (LE p. 52)*

4. **Un pronom personnel, c'est facile, mais deux… ! Construisez des phrases qui comportent deux pronoms personnels compléments en remplaçant les termes entre crochets par le pronom qui convient :**

Exemple : – Un actionnaire mécontent a menacé de faire un scandale à la prochaine assemblée générale.
   – Il faut absolument empêcher [cet actionnaire] [de faire cela] !
   *→ Il faut absolument **l'en** empêcher.*

1. – Qu'est-ce que je fais des vieux vêtements de ta sœur ?
   – Je ne sais rien [de cela] ! Demande [cela] [à ma sœur] !

   je n'en sais rien ! Ce lui demandes ! demandes-le lui

2. – Il y a encore des places sur le prochain vol Air France pour Montréal ?
   – Non, je regrette, il n'y a plus [de places] depuis longtemps.

   Non, je regrette, il n'y en a plus depuis longtemps

3. – Vous ne voulez plus du journal ? Alors donnez [ce journal] [à moi], s'il vous plaît.

   Alors, le me donnez, s.v.p.   donnez le moi

4. – Pourrais-tu prévenir les Dupont que j'arriverai en retard ?
   – Ne t'inquiète pas ! Je dirai [cela] [à eux].

   je le leur dirai

5. – Ces fleurs sont de Christian !
   – Dites [à Christian] que je remercie [Christian] [de son envoi].
   Qui dites que je bien remercie (handwritten)

6. – Vous pouvez me prêter ces revues ? Je rendrai [ces revues] [à vous] demain matin.
   je les te rendrai demain matin. (handwritten)
   vous les (handwritten)

■ «À croire qu'il n'y a que les Français qui peuvent comprendre le Français. » (LE p. 46)

5. Après un verbe exprimant une certitude ou un doute : quel temps utiliser dans la proposition complétive ? Choisissez la bonne réponse.

1. Le président était furieux que vous
   a. avez commencé
   b. commenciez   sans lui !
   c. ayez commencé

2. Je doute que les publicitaires
   a. réussissent
   b. réussiront   à définir un «Européen type».
   c. ont réussi

3. – Il paraît que les Grandes Galeries
   a. soient
   b. sont   à vendre.
   c. aient été

   – Ah ? Je suis étonné que la presse professionnelle
   a. n'en parlera pas.
   b. n'en a pas pas parlé.
   c. n'en ait pas parlé.

4. Les spécialistes financiers sont certains que les taux d'intérêt
   a. baisseront
   b. ont baissé   bientôt.
   c. baissent

5. Il est possible que l'EFR
   a. aura
   b. aurait   un nouveau directeur avant la fin de l'année.
   c. ait

6. Le ministre de la Santé a suggéré que les médecins
   a. réduisent
   b. réduiront   le nombre de médicaments prescrits.
   c. aient réduit

■ «Elle ne veut pas être virée...» (LE p. 38)

6. La négation : mettez les éléments soulignés à la forme négative.

1. Nous avons demandé à nos invités d'arriver avant 20 h.
2. Les parents de Mathilde sont très sympatiques.
3. Cette question est-elle en train de devenir la plus importante de l'enquête ?
4. Nous aurions aimé les faire attendre.
5. Nous aurions aimé les faire attendre.

APPRÉCIER

Lire la presse suppose que l'on soit capable de porter un regard critique sur les informations fournies et notamment de distinguer les faits des opinions, des rumeurs, des probabilités et des hypothèses.

Les faits

Ils se présentent sous plusieurs formes :

• une information accompagnée de sources incontestables
À la question : «Que feriez-vous en cas d'augmentation importante de vos revenus ?», 85,4 % des Français répondent qu'ils voyageraient plus ou dépenseraient plus pour leurs loisirs.
(Source : Enquête CREDOC, janvier 1993.)

• une citation contrôlable
Au cours de la conférence de presse du 15 mars, le patron de la SNCF annonce de nouveaux tests pour améliorer la sécurité dans les TGV.

• une information précédée d'une formule indiquant le degré de certitude

L'information est fausse	L'information est vraie
– c'est faux	– c'est exact – c'est vrai
– il est faux de dire	– en effet
– ces chiffres sont inexacts	– on a la certitude que – il est
– cette citation est erronée/	certain que
tronquée	– d'après des sources bien
– il est inexact de	informées/sûres
– on a tort de dire	– après vérification,
– on a affirmé à tort	– il a été établi que – il est acquis que
– c'est impossible	– il s'avère que
– il est impossible de/que	– toutes les informations fournies
– cette information est	ont été contrôlées
dénuée de (tout) fondement	– j'ai de bonnes raisons de dire/de
	penser/de croire
	– il a raison d'affirmer
	– nous avons reçu l'assurance que
	– ce fait a été confirmé/contrôlé/
	vérifié
	– le fait est que – le fait que

L'information selon laquelle les consommateurs consacrent de moins en moins d'argent aux dépenses de voyage et de loisirs est dénuée de tout fondement.
De source sûre, on apprend que la SNCF procédera à de nouveaux tests pour améliorer la sécurité dans les TGV.

1. Relevez les faits cités dans l'article «Citoyen-consommateur» (LE p. 36). Par quelle formule sont-ils introduits ?

Les opinions

Elles peuvent prendre les formes suivantes :

• un fait complété par une expression qui traduit l'opinion du rédacteur

Au cours de la conférence de presse du 15 mars, le patron de la SNCF annonce de nouveaux tests pour améliorer la sécurité dans les TGV. **Ce n'est pas trop tôt !**

À la question : «Que feriez-vous en cas d'augmentation importante de vos revenus ?» près de 9 Français sur 10 ont répondu qu'ils en profiteraient pour voyager davantage ou dépenser plus lors de leurs vacances. **Quoi de plus normal !** *Mais, 71 % des ménages interrogés consacreraient toute nouvelle rentrée d'argent à l'épargne. Inquiétude quant à l'avenir ?* **Pas si sûr.**

Mieux-Vivre, n° 155, 2. 1993.

• une information introduite par une formule annonçant qu'il s'agit d'une opinion

Neutre	Favorable	Défavorable
Je pense	J'espère que	Je crains de/que
Je trouve	Je suis favorable à	Je redoute
Il me paraît	Je suis pour	Je suis contre
Il me semble	C'est bien	Il a tort de
D'après moi	C'est juste	C'est regrettable
Il paraît	Il a raison de	Il est regrettable de/que
Il semble	Heureusement	Il est dommage de/que
Selon moi,	C'est heureux	Malheureusement
		Hélas !

2. **Reformulez les énoncés en tenant compte des indications en italique. Variez les formules.**

Exemple : L'annonce d'une possible augmentation du prix de l'essence.
a. un automobiliste, défavorable : Il est regrettable qu'on envisage encore d'augmenter le prix de l'essence.
b. un journaliste, neutre : Le ministère des Transports étudie une augmentation possible du prix de l'essence.
c. un pompiste, favorable : Heureusement, le prix de l'essence va peut-être augmenter, enfin !

1. L'institution de la semaine scolaire de cinq jours avec le samedi libre.
   a. *un parent d'élève, favorable*   b. *un professeur, défavorable*
2. La décision de plusieurs municipalités d'autoriser la libre ouverture des magasins le dimanche.
   a. *le communiqué d'une centrale syndicale, défavorable*   b. *l'avis d'un client, favorable*
3. L'obligation de réserver une zone pour non-fumeurs dans les restaurants.
   a. *un journaliste qui relate les faits*   b. *un restaurateur, favorable*
4. L'augmentation prochaine du prix des places de parking à Lyon, pour inciter les Lyonnais à prendre les transports en commun.
   a. *un automobiliste, défavorable*   b. *un Lyonnais qui n'a pas de voiture, neutre*

Les hypothèses – les conditions

• Elles sont formulées à l'aide du conditionnel

«Interrogés sur l'usage qu'ils feraient d'une augmentation importante de leurs revenus, les consommateurs ont plébiscité à 85 % les dépenses de vacances et de loisirs.» (LE p. 36)

• **Elles sont introduite par une formule comme celles-ci**

Si	
À la condition de	À condition de
Dans l'hypothèse où	Au cas où

«De telles pratiques sont inadmissibles et, si cela devait continuer, ne vous étonnez pas que je décide de changer de banque !» (LE p. 41)

3. **Relevez dans le document : «Retour à la simplicité» (LE p. 51) les différentes hypothèses présentées.**

4. **Pour chacun des énoncés suivants, précisez s'il s'agit d'un fait, d'une hypothèse ou d'une condition :**

1. Bourse : plus que jamais, la gestion de votre portefeuille doit être efficace si vous souhaitez tirer votre épingle du jeu. (*Le Figaro*, 2.11.1992.)

2. Nous avons préparé une chambre pour vous au cas où vous viendriez passer le week-end avec nous.

3. L'industrie de la pharmacie est la première bénéficiaire de l'appétit des Français pour les médicaments.

4. Je pars en vacances à condition de trouver un endroit où laisser mon chien.

5. L'interphone, dans un appartement ou une maison, c'est pratique. Sans plus : si vous êtes dans votre bain, loin du bouton, votre visiteur risque d'attendre longtemps. (*Le Point*, n° 1099, 9.10.1993.)

Les rumeurs

• **Elles sont exprimées par un conditionnel**
«Cette carte fonctionnerait donc d'une manière similaire à l'actuelle carte publiphone.» (LE p. 40)

• **Elles peuvent être introduites par l'une des formules suivantes**

Le bruit court que	Il paraît que
Sous toutes réserves	Il est douteux que
On prétend que	On dit que
On s'interroge sur	On suppose que
On peut s'étonner que/de	On suggère
On annonce de source non confirmée	Sous bénéfice d'inventaire

5. **Transformez les faits suivants en rumeurs (variez les procédés) :**

1. Les Français sont les plus gros consommateurs de produits pharmaceutiques du monde.
2. Le prince Alexandre va épouser la fille d'un épicier.
3. L'accident de l'Airbus A320 est dû à une défaillance humaine.
4. Le public est de plus en plus sensible aux campagnes publicitaires pour des produits «verts».
5. Le ministère des Transports a décidé d'augmenter la vitesse autorisée sur les autoroutes.

▰▰▰ Les probabilités

• Elles sont introduites par des formules parfois empruntées au langage mathématique

> Il est (très) probable que – La probabilité pour que … est grande –
> Probablement – C'est probable
> Il y a x % de chances que – Il y a un risque de
> Tout laisse à croire que/à – Selon toute vraisemblance
> Il est peu probable que – Il n'est guère possible de

«Cette Europe aura une forme insolite, inédite, probablement celle d'une fédération souple.» (LE p. 21)

6. Présentez les faits suivants comme des probabilités (variez les formules) :

1. Cette année la majorité des Français passeront leurs vacances en France.
2. Dans quatre ans, l'équipe française sera qualifiée pour la Coupe du monde de football.
3. Les appareils ménagers très sophistiqués seront peu à peu remplacés par des appareils tout aussi efficaces mais plus simples d'emploi.
4. Les ventes d'automobiles n'augmenteront pas l'année prochaine.
5. La violence à la télévision n'impressionne pas beaucoup les enfants.

ANALYSER

UN DOCUMENT DE PRESSE

▬ Dégager l'articulation d'un texte

Plusieurs procédés permettent d'identifier les différentes parties d'un texte

• La ponctuation et la numérotation

– le découpage en paragraphes : en principe, une idée principale par paragraphe
– les tirets en début de ligne pour signaler une énumération
– la numérotation des idées ou des paragraphes est surtout utilisée dans les documents professionnels ou techniques :

numérotation décimale :	numérotation alphabétique :
1.	A.
1.1.	a.
1.1.1.	

• Les intertitres
L'intertitre résume l'idée développée dans le paragraphe ou en extrait une phrase ou une idée clé.

8. Rédigez des intertitres pour l'article «L'été des nouveaux branchés» (LE p. 52).

• Des mots-charnières et des expressions

Pour marquer une succession, une addition de faits et – puis – aussi – également – de plus – en outre – par ailleurs – premièrement – deuxièmement – troisièmement… vient ensuite – s'y ajoute(nt)	
Pour signaler une opposition d'une part,… d'autre part… mais – pourtant – cependant – toutefois – néanmoins par contre bien que – malgré le/la – en dépit de – alors que or	
Pour indiquer une alternative soit… soit - ou… ou d'un côté… de l'autre d'une part… de l'autre ni… ni	
Pour marquer la cause car – parce que – puisque – en effet le participe présent	
Pour marquer la conséquence donc – ainsi – aussi – c'est pourquoi – en conséquence	

9. Complétez la deuxième colonne du tableau ci-dessus à l'aide d'exemples empruntés à des documents du *Livre de l'élève* que vous avez déjà étudiés.

10. Étudiez l'articulation des idées dans l'article «Un porte-monnaie électronique à l'étude» (LE p. 40) : par quel mot-charnière est introduite chaque idée ?

RÉDIGER

▬▬ Une grille d'analyse

Vous souhaitez analyser un article ou un texte plus important : livre, polycopié, etc. Voici quelques suggestions pour pratiquer une «lecture active» :

– Identifiez le document à l'aide des techniques étudiées dans la phase «S'informer» (voir ci-dessus p. 13).

– Identifiez le sujet traité en faisant des hypothèses à partir du titre, du chapeau, des intertitres, des illustrations et de leur légende.

– Numérotez les paragraphes pour les repérer ensuite plus facilement.

– Lisez une première fois le texte de chaque document en soulignant les mots qui expriment une idée importante ainsi que les chiffres significatifs.

– Notez les idées principales qui se dégagent du texte à la première lecture en résumant chaque idée en quelques mots.

– Relisez chaque paragraphe pour identifier les idées accessoires.

– Repérez les exemples cités.

Pour classer les idées principales, les idées secondaires et les exemples, vous pouvez utiliser une grille d'analyse inspirée de l'exemple ci-dessous :

Références Citoyen-consommateur Favilla, *Les Échos*, 5/6.2.1993			**Date de lecture** 12.03.1994	
§	**Idée principale**	**Idée secondaire**	**Exemple**	**Questions**
1	Contrairement aux apparences, les Français ont pour 1re priorité les vacances et les loisirs.	Priorité étonnante en période de crise (les gens se plaignent, nouvelle pauvreté)	Résultats de l'enquête du CREDOC	Date enquête ? Début de la crise ?
2				

11. Dans les extraits suivants, distinguez – s'il y a lieu – les idées principales, les idées secondaires et les exemples :

1.

> Or, le futur naît du présent. C'est dire que la première difficulté de penser le futur est la difficulté de penser le présent. L'aveuglement sur le présent nous rend *ipso facto* aveugles au futur. Ainsi, il était patent, après 1950, que nous mettions notre économie sous la dépendance du pétrole, lequel dépendait de nations de moins en moins dépendantes de l'Occident, lequel, lui, devenait vitalement dépendant de ce qui était auparavant sous sa dépendance. L'étonnant est que, à part exception (Louis Armand), cela a été inaperçu et exclu des prévisions de l'époque. La perspective sur le présent est donc nécessaire à toute prospective.
>
> Edgar Morin, *Pour sortir du XXᵉ siècle*,
> Nathan, 1981.

2.

> Les gens, de plus en plus différenciés professionnellement, sont chacun intégrés (sans qu'ils s'en rendent clairement compte) dans de multiples réseaux de relations sociales qui fonctionnent sur des distances plus ou moins vastes (relations de patron à employés, de vendeur à consommateurs, d'administrateur à administrés…). Les organisateurs et les responsables de chacun de ces réseaux, c'est-à-dire ceux qui détiennent les pouvoirs administratifs et financiers, ont, eux, une idée précise de son extension et de sa configuration ; lorsqu'un industriel ou un commerçant ne connaît pas bien l'extension de son marché, il fait faire, pour être plus efficace, une étude où l'on distinguera l'influence qu'il exerce (et celle qu'il peut avoir) au niveau local, régional, national, en tenant compte des positions de ses concurrents.
>
> En revanche, dans la masse des travailleurs et des consommateurs, chacun n'a qu'une connaissance très partielle et très imprécise des multiples réseaux dont il dépend et de leur configuration. En effet, dans l'espace, ces différents réseaux ne se disposent pas avec des contours identiques, ils «couvrent» des territoires de tailles très inégales et leurs limites se chevauchent et s'entrecroisent.
>
> Yves Lacoste, *La géographie, ça sert d'abord à faire la guerre*,
> Éditions La Découverte, 1985.

12. Complétez la grille d'analyse pour l'ensemble du texte «Citoyen-consommateur» (LE p. 36).

3

LE TOUR D'UNE VIE EN 40 000 HEURES

DOCUMENTS

1

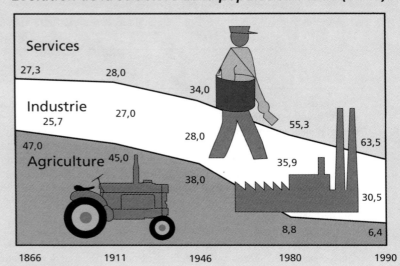

Évolution de la structure de la population active (en %)

	1866	1911	1946	1980	1990
Services	27,3	28,0	34,0	55,3	63,5
Industrie	25,7	27,0	28,0	35,9	30,5
Agriculture	47,0	45,0	38,0	8,8	6,4

Francoscopie, *Larousse, 1993*

Activités de type non professionnel pendant le temps de travail par sexe et appartenance sociale
(en excluant les pauses autorisées à l'heure du déjeuner)

Activité pratiquée régulièrement	Hommes cadres	Femmes cadres	Employées	Ouvriers	Ouvrières
Téléphoner au conjoint	43 %	27 %	23 %	25 %	19 %
Recevoir une communication du conjoint	40 %	21 %	20 %	19 %	17 %
Téléphoner à des amis	13 %	8 %	10 %	8 %	10 %
Donner un coup de téléphone administratif	32 %	21 %	15 %	13 %	15 %
Remplir une feuille de Sécurité sociale	20 %	17 %	20 %	7 %	8 %
Prendre du thé ou du café au travail	58 %	72 %	63 %	57 %	59 %
Écrire une lettre personnelle	24 %	22 %	17 %	6 %	8 %
Montrer des photos d'enfants ou de vacances	10 %	31 %	37 %	17 %	34 %
Préparer le tiercé ou le Loto	7 %	6 %	8 %	8 %	12 %
Faire des mots croisés	3 %	10 %	3 %	4 %	2 %
Avoir une discussion non professionnelle	59 %	68 %	68 %	72 %	68 %
Faire des photocopies pour soi	37 %	24 %	23 %	17 %	14 %
Écouter la radio	15 %	7 %	18 %	31 %	25 %
Utiliser le Minitel pour soi	28 %	8 %	10 %	3 %	2 %
Manger, grignoter	15 %	49 %	55 %	38 %	42 %
Faire des courses à l'extérieur	29 %	15 %	5 %	15 %	8 %

Enquête réalisée en 1987 par l'INSEE auprès d'un échantillon de 500 personnes.

4

Le Point, *avril 1991*

3

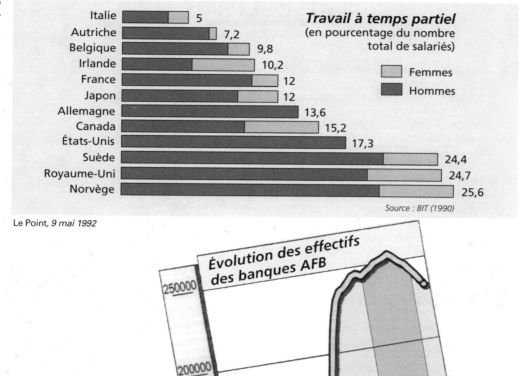

Travail à temps partiel
(en pourcentage du nombre total de salariés)

- Italie — 5
- Autriche — 7,2
- Belgique — 9,8
- Irlande — 10,2
- France — 12
- Japon — 12
- Allemagne — 13,6
- Canada — 15,2
- États-Unis — 17,3
- Suède — 24,4
- Royaume-Uni — 24,7
- Norvège — 25,6

Femmes
Hommes

Source : BIT (1990)

Le Point, *9 mai 1992*

Évolution des effectifs des banques AFB

250000
200000
150000
100000

1947 1950 1960 1970 1980 1992

Source : AFB

2

1. À quel(s) thème(s) du dossier 3 se rattache chacun des documents présentés dans cette double page ?

2. Quelles conséquences peut avoir l'évolution de la structure de la population active française sur la formation et l'emploi des jeunes ?

3. Rédigez une courte note résumant la situation du personnel des banques à l'aide du document 2 et de l'article concernant ce secteur dans le Livre de l'élève.

4. Comparez les données de l'article consacré au travail à temps partiel dans le Livre de l'élève et celles présentées dans le document 3.

5. Comparez dans le tableau de l'INSEE (document 4) les activités pratiquées par : les hommes/les femmes cadres ; les hommes cadres/les ouvriers : quelles sont les principales différences ? quelles sont , selon vous, les causes de ces écarts ?

VOCABULAIRE

■ «*Vous faites un travail qui vous plaît …* » *(LE p. 63)*

> **Le travail**
>
> • le travail – un emploi (le plein emploi) – un poste – un boulot – un «job»
> le travail intérimaire – l'intérim – un(e) intérimaire
> le travail à domicile – travailler à domicile – le télétravail
> un travail à temps complet – un travail à temps partiel
> le cadre du travail – les conditions de travail (l'usine – le bureau – les
> bureaux paysagers)
> l'organisation du travail – l'organigramme – la hiérarchie – l'échelle
> (des salaires) – le niveau hiérarchique
> • un travailleur – un travailleur à domicile – un «télétravailleur»
> • travailler – avoir un emploi (≠ perdre son emploi, être au chômage)

1. Complétez les énoncés suivants avec les mots de la liste ci-dessus.

1. Les jeunes diplômés français, interrogés par un institut de sondage, ne se contentent plus d'un travail ...., souvent mal rémunéré, et de petits .... précaires : ils veulent de vrais .... à temps .... avec de vraies responsabilités. Mais cette renvendication est difficile à satisfaire en période de crise alors que l'on compte plusieurs millions de ...., parmi lesquels de très nombreux jeunes.

2. Le .... de travail a-t-il une influence sur l'efficacité du personnel ? Certainement dans les grands groupes. C'est ce que semble prouver une étude portant sur plus de cent entreprises de la région parisienne. Parmi les éléments pris en compte pour évaluer la qualité des .... de travail : les ...., qui doivent être confortables et, de préférence, traditionnels (les ...., bien que favorisant la communication et l'esprit de travail en équipe ne sont guère appréciés par les employés qui les trouvent bruyants et fatigants) ; l'équipement qui se doit d'être moderne et suffisant pour éviter les problèmes de partage et d'attente ; enfin, le restaurant d'entreprise dont l'importance est soulignée par toutes les personnes interrogées, du haut en bas de ....

3. Lorsque l'on examine .... des entreprises, on constate – comme le souligne Jean Boissonnat dans sa lettre ouverte «La fin des ouvriers» – que le nombre des .... tend à se réduire.

■ *«Le vieux syndicaliste que tu es... » (LE p. 60)*

Les relations professionnelles

• les catégories professionnelles
les salariés – le personnel : un ouvrier – un employé – un cadre – un cadre dirigeant
le patronat – un employeur – un patron – un dirigeant d'entreprise – un travailleur indépendant

• les niveaux hiérarchiques
le personnel d'exécution – l'encadrement – la direction

• les organes représentatifs au niveau professionnel et/ou national
   les syndicats de salariés – les organisations patronales
   ➡ un syndicaliste – un militant (la vie syndicale, militer) – le comité d'entreprise (le CE) – les délégués du personnel
   ➡ un représentant du personnel – les membres du comité d'entreprise – un délégué du personnel

• la législation
le droit du travail – une convention collective – un accord d'entreprise – un contrat de travail
contrôle : l'inspecteur du travail (fonctionnaire du ministère du Travail)
juridiction : le Conseil des prud'hommes

2. Voici cinq définitions ; choisissez dans le mini-lexique ci-dessus les termes qui leur correspondent :

1. L'instance judiciaire chargée de juger les conflits individuels entre salariés et employeurs.
2. Un salarié jouissant d'un statut particulier du fait de ses responsabilités hiérarchiques ou techniques.
3. Un accord signé entre les organisations représentatives des salariés et du patronat pour fixer les conditions de travail dans une profession.
4. Un fonctionnaire chargé de contrôler l'application des règles du droit du travail dans l'entreprise.
5. Un salarié élu par les autres salariés pour les représenter auprès de l'employeur.

3. Existe-t-il dans votre langue des équivalents pour tous les termes ci-dessus ? Quelles sont les différences ? À quoi sont-elles dues ?

. . . .

. . . .

. . . .

. . . .

4. Rédigez un texte de quelques lignes pour parler du travail dans votre pays. Utilisez dans ce texte cinq mots empruntés aux mini-lexiques ci-dessus.

. . . .

. . . .

. . . .

. . . .

. . . .

■ «*Partout, la machine, omniprésente*» *(LE p. 62)*

5. Que signifient les mots suivants formés à l'aide du préfixe «omni-» (qui a le sens de : partout, tout) :

la machine omniprésente – une salle omnisports – une antenne omnidirectionnelle – une direction omnipotente – l'homme est omnivore

■ «*Un charolais donne 20 kilos de viande de plus qu'il y a dix ans*» *(LE p. 73)*

Les différents sens du verbe «donner»

6. Remplacez le verbe «donner» par un des verbes suivants, plus précis :

accorder – décerner – fournir – nommer – octroyer – offrir – préférer – procurer – produire – proposer – rapporter – remettre – se vouer – transmettre

1. Un charolais (donne) 20 kilos de viande de plus qu'il y a dix ans.
2. Comment, en effet, (donner) un certain niveau d'indépendance à l'Alsace, à la Bourgogne ou à la Picardie, sans risquer de briser l'unité nationale ?
3. Ce placement financier n'a rien (donné) cette année.
4. Le nouveau consommateur français achète écologique, choisit des produits naturels et (donne) sa préférence aux marques qui respectent l'environnement.
5. Cela ne te plaît pas ? Alors (donne)-moi une autre solution !
6. Vous lui avez (donné) mon message ?
7. La nouvelle législation européenne (donne) le droit de vote aux résidents étrangers.
8. Qu'est-ce que tu lui (donnes) pour son anniversaire ?
9. Il va falloir qu'on (donne) un nom à ce nouveau produit.
10. Elle s'est (donnée) complètement à cette mission !
11. Pour une grande école, (donner) un diplôme, c'est bien ; (donner) un poste à la fin de la scolarité, c'est mieux !

GRAMMAIRE

TEST

■ «*Dans vingt ans, la France comptera moitié moins d'ouvriers qu'aujourd'hui.*» *(LE p. 60)*

1. Pour une comparaison, vous avez le choix entre plusieurs constructions. Complétez les énoncés suivants avec celle qui convient :

1. À Paris, il y a de .... voitures .... places de stationnement. C'est le problème de presque toutes les grandes villes.
a. *plus de ... que de...*   b. *plus que... et que...*   c. *moins de... que de...*

2. Dans les banques, il y a .... employés et .... ordinateurs.
a. *de plus en plus / de moins en moins*   b. *de moins en moins / de plus en plus*
c. *moins de ... que de...*

3. D'après les derniers chiffres, il y a environ deux fois .... jeunes dans les filières littéraires .... dans les filières scientifiques.
a. *plus de... de*   b. *plus que... de...*   c. *plus que... que...*   d. *plus de... que*

4. Quant aux cadres, ils travaillent toujours ....
a. *autant*   b. *autant que*   c. *autant de*

5. Les consommateurs français consomment toujours .... pour leurs loisirs.
a. *plus de*   b. *plus*   c. *plus que*

6. Ce tableau montre qu'il y a .... fumeurs .... non-fumeurs parmi la population urbaine.
a. *moins que... que*   b. *moins de... que de...*   c. *moins que de... que*

7. Les exploitation agricoles .... aujourd'hui qu'autrefois.
a. *plus sont grandes*   b. *sont grandes plus*   c. *sont plus grandes*

2. Et dans les phrases suivantes, comment exprimez-vous la comparaison ? Choisissez la construction qui convient :

1. Le TGV est .... rapide .... trains en service dans le monde.
a. *le plus... de*   b. *le plus... des*   c. *le plus...*

2. La France est l'un des pays européens où le pourcentage des agriculteurs est .... élevé.
a. *le plus*   b. *le plus de*   c. *le plus que*

3. .... erreur peut lui être fatale.
a. *la petite plus*   b. *la moindre*   c. *la plus petite*

4. Nous ne lui pardonnerons pas .... erreur.
a. *la meilleure*   b. *la mieux*   c. *la moindre*

5. C'est .... des décisions qu'il pouvait prendre.
a. *la pire*   b. *la moins bonne*   c. *la plus mauvaise*

6. .... ça dure, ... c'est supportable.
a. *plus que... moins que...*   b. *plus de... moins de...*   c. *plus... moins...*

7. Ce livre est certainement l'un des .... j'aie lus depuis longtemps !
a. *meilleurs que*   b. *plus bons que*   c. *bons de*

8. On raconte que sa société a perdu 5 000 000 F en un an, mais la situation est encore .... !
a. *moins bonne*   b. *pire*   c. *pire que*

9. Comment va-t-elle ? – .... heureusement !
a. *plus bien*   b. *pire*   c. *mieux*

10. Tout le monde guettait .... mouvements de l'indice de la Bourse.
a. *les moindres*   b. *les moins*   c. *pire*

11. Ils auraient pu vous remercier, c'était .... des politesses.
a. *la plus petite*   b. *la plus grande*   c. *la moindre*

12. Les restaurants que nous aimons .... , ce sont les restaurants de nouvelle cuisine.
a. *le moins*   b. *le meilleur*   c. *le pire*

■ *«La France adore les diplômes. Elle en décerne des centaines...» (LE p. 64)*

3. Les constructions avec le pronom «en» sont parfois difficiles. Transformez les phrases pour éviter la répétition des mots soulignés.

1. Ils ont rencontré beaucoup de banlieusards heureux ? – Non, ils n'ont pas rencontré <u>beaucoup de banlieusards heureux.</u>

2. Vous connaissez des initiatives semblables à celle de la Pierre-Collinet ? – Oui, nous connaissons <u>quelques initiatives semblables à celle de la Pierre-Collinet.</u>

3. Il y a plusieurs causes au chômage des jeunes : pouvez-vous nous citer une ou deux <u>de ces causes</u> ?

4. Ces gâteaux sont vraiment délicieux ! – Prenez plusieurs <u>de ces gâteaux</u> !

5. Je reprendrais bien du café. N'avez-vous pas eu assez <u>de café</u> pour aujourd'hui ?

■ *«En Allemagne, une femme avec deux enfants cesse généralement de travailler.»* (LE p. 67)

4. Quelle est la place de l'adverbe ? Dans les phrases suivantes, placez l'adverbe à l'endroit qui convient :

1. (directement) Les ouvriers de cette entreprise font appel aux ingénieurs pour rendre compte de leur travail.
2. (toujours) Des employés, il y en aura dans les banques, mais ils feront d'autres travaux.
3. (partout) Dans les rues de Paris, les machines sont présentes : distributeurs de monnaie, téléphones, toilettes automatiques, panneaux d'affichage, etc.
4. (déjà) (immédiatement) Ah ! Vous êtes là ? C'est bien, nous allons pouvoir commencer.
5. (nulle part) Vous ne trouverez un tel choix de chaussures.
6. (très) L'opinion de ce journaliste n'est pas claire.
7. (environ) D'après une enquête de *L'Entreprise,* il y a 2 % des patrons qui pensent que l'Éducation nationale remplit sa mission.
8. (relativement) Nos résultats financiers sont bons cette année.
9. (beaucoup) Elle parle.
10. (trop) Les agriculteurs se plaignent : il a plu cet hiver.
11. (souvent) Nous avons remarqué que les gens sont en train de faire leur courrier pendant les heures de travail.
12. (même) S'il le faut, je suis prête à le recevoir aujourd'hui !
13. (véritable) Entre eux, il n'y a pas de amitié.
14. (tout) Les habitants de ce quartier sont heureux de la nouvelle organisation des services de nettoyage.
15. (assez) (difficilement) Ils ont trouvé la réponse à ma question.

■ *«Enfin, au détour d'un couloir triste, j'aperçus une boutique éclairée…»* (LE p. 62)

5. Le passé simple, temps du passé littéraire ? Peut-être, mais on le trouve aussi dans de nombreux textes de la presse écrite.

1. Mettez ce texte au passé en utilisant le passé simple quand c'est nécessaire.

Extrait de la biographie de Ieoh Ming PEI, l'architecte du Grand Louvre de Paris.

«En 1983, Pei est sollicité pour un projet d'aménagement du Louvre. Après une expérience infructueuse sur le site de la Défense (qui clôt la grande perspective partant du Louvre…), il mène avec la plus grande discrétion son étude ; dans son entourage, personne ne connaît la nature du projet qui motive ses fréquents déplacements à Paris.

Né à Canton en 1917, parti effectuer aux États-Unis de brillantes études d'architecture, au MIT, puis à Harvard où il se lie avec Walter Gropius (ancien directeur du Bauhaus), Pei ne rentrera pas travailler au pays. La guerre, les événements chinois, puis les contacts noués avec Zeckendorf et Rockefeller qui lui confient sa première réalisation, le font opter pour la nationalité américaine en 1954. Réel intérêt ou prémonition ? Sa thèse, à Harvard, a pour titre : *Un musée d'art oriental à Shanghaï.* Au fil de ses réalisations, Pei devient l'un des premiers spécialistes des musées : musée Everson de Syracuse, centre d'Art de Des Moines, centre d'Art Herbert F. Johnson, extension de la National Gallery de Washington. Cette dernière lui vaut un succès public sans précédent. La qualité architecturale de son intervention au musée des Beaux-Arts de Boston confirme la réputation internationale de l'architecte, qui reçoit les plus hautes distinctions professionnelles.»

«Le Grand Louvre et la Pyramide», *Beaux-Arts*

2. Ieoh Ming Pei parle de son expérience ; récrivez le texte que vous venez de mettre au passé à la première personne :

«En 1983, je…

■ «*Rien ne prouve donc que la frontière du travail soit si nette et si tranchée…*» (LE p. 68)

6. **Quel temps utiliser dans la proposition complétive ? Conjuguez les verbes entre parenthèses au temps qui convient :**

1. La plupart des Français veulent que leur emploi (être) un vrai emploi, à temps plein et bien payé.

2. Les Français craignent que leur agriculture (disparaître).

3. La structure de la région Champagne-Ardenne explique qu'elle (avoir) quelques difficultés à trouver son unité.

4. Les femmes, en France, ont toujours affirmé (vouloir) travailler plus.

5. Quelle que (être) la solution choisie, le télétravail soulève des difficultés de mise en place.

6. Nous souhaiterions que vous (examiner) ce dossier avant la fin de la semaine.

7. Quoi que vous (faire), il sera contre !

8. Les salariés accepteraient que l'on (réduire) le temps de travail et le salaire correpondant pour sauver des emplois.

9. Rien ne prouvait dans cette entreprise que la frontière entre le travail et la vie personnelle (être) bien nette pour la plupart des salariés.

10. Bien que le chômage (frapper) au cours de l'année passée plus de 3 000 000 de personnes, le gouvernement espère encore pouvoir lutter contre ce fléau.

COMPARER

Analyser un tableau de données chiffrées

Quelques expressions pour commenter un tableau

– L'enquête porte sur 600 Européens.
– 200 personnes ont été interrogées/répondent
– Un échantillon de 600 Européens

– Le pourcentage des abstentions est très élevé/est faible.
– Le nombre des mécontents est en hausse (en augmentation).
– Le pourcentage
– La majorité des personnes interrogées est favorable à cette décision.
– Il y a une minorité de mécontents.

– À partir d'une enquête/D'après une enquête
– L'enquête révèle qu'il y a 70 % de mécontents contre seulement 30 % d'opinions favorables.

– En tête, on trouve
– La première préoccupation des Français c'est
– Au premier rang des préoccupations des Français
– Au second rang
– En dernier

115 jeunes dirigeants répondent aux questions. (LE p. 65)
38 % des Français estiment que leur niveau de vie s'est dégradé depuis dix ans. (LE p. 36)
Un Français sur cinq a plus de 60 ans (+ 8 % chaque année). (LE p. 37)
Il est certes impossible de négliger la minorité de 15 % qui reste à l'écart du mouvement général. (LE p. 36)

1. Commentez en quelques lignes les résultats de l'enquête de *L'Entreprise* : «Qu'en pensent les patrons ?» (LE p. 65)

2. Présentez sous forme de deux tableaux les données fournies par Xavier Gaullier (LE p. 76) :
– dans les quatre dernières lignes du 1er paragraphe de sa réponse ;
– dans le 4e paragraphe de sa réponse (Il y a 20 ans…)

Donnez un titre à chacun de ces tableaux.

■ Analyser un graphique

• Les éléments d'un graphique

Évolution du taux de chômage* des 15-29 ans selon le niveau de diplôme

La progression du taux de chômage se poursuit en 1994, sauf pour les jeunes titulaires d'un diplôme supérieur à bac + 2. Le taux des plus diplômés est trois fois inférieur à celui des moins diplômés. L'écart entre ces deux catégories, qui s'était réduit entre 1991 et1993, s'accroît à nouveau en 1994.

* Au sens du BIT (Bureau internationnal du travail)

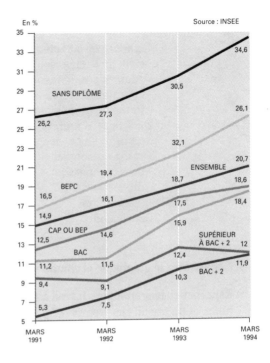

• Les differents types de graphiques

une barre

un histogramme

un secteur

un graphique en secteur ou «camembert»

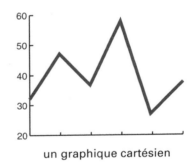

une courbe

un graphique cartésien

Quelques expressions pour parler du graphique et des données représentées

– Ce graphique représente
– Le diagramme illustre
– La courbe illustre
– Comme l'indique la légende
– Nous avons choisi pour unités
– En ordonnée, nous avons indiqué
– En abscisse, on trouve
– On constate que la courbe monte/descend/reste stable.

– Des valeurs absolues : 50 – 50 000
– Des pourcentages :
  • 5 % (prononcer : cinq pour cent)
  • 5,5 % (prononcer : cinq virgule cinq pour cent ou cinq et demi pour cent)
– Des expressions pour reformuler globalement les données :
  • la moitié (50 %) – un tiers – un quart – un cinquième, etc.
  • plus de la moitié de – près de la moitié – moins d'un quart de
  • environ un tiers
  • la majorité des – la plupart – un grand nombre – presque tous
  • une minorité de – très peu de

3. Identifiez les éléments du graphique 2 (ci-dessus, «Documents», p. 35)

• **Le plan du commentaire d'un graphique**

1e partie : les caractéristiques du graphique
– sujet traité et objectif du graphique
– sources des données et date
– informations représentées
– forme du graphique et unités choisies

2e partie : l'interprétation des données
– commentaire des résultats : explication de chaque donnée, comparaison des données (voir ci-dessous quelques expressions pour comparer)
– mise en relation avec d'autres informations (un texte, un autre diagramme)

Conclusion
– appréciation et conclusions à tirer

4. Commentez le graphique «Évolution de la structure de la population active» (ci-dessus, p. 34)

5. Rapprochez le graphique «Travail à temps partiel» (ci-dessus p. 35) du document «La révolution des horaires du travail : les freins» (LE p. 67) : qu'apporte le graphique par rapport au texte ?

▰▰▰ Analyser un document comparatif

• **Caractéristiques du document comparatif**
Ce document peut être :
– un tableau de chiffres
– un diagramme qui représente simultanément plusieurs variables
– un texte qui met en rapport différents phénomènes
Il compare :
– le même phénomène à plusieurs moments
– le même phénomène selon différents points de vue
– différents phénomènes au même moment, etc.

Quelques moyens pour exprimer une comparaison

Les comparatifs
plus... que – moins... que – autant... que
plus de... que de – moins de... que de – autant de... que de
pour les renforcer : bien/beaucoup/encore plus... que
bien/beaucoup/encore moins... que
tout autant... que

Les comparatifs absolus
le plus – le moins

L'expression d'une progression
de plus en plus – de moins en moins
en augmentation – en croissance – en progression
en diminution – en décroissance – en régression

Des expressions mathématiques
inférieur à – supérieur à – égal à – par rapport à

Des verbes
équivaloir à – être comparable à – ressembler à
être – l'équivalent de – correspondre à

Des adjectifs
être différent de – être semblable à – être identique

Des pronoms indéfinis
le même que

Des adverbes et des locutions
comme – autant... autant – de la même manière que
d'une part... de l'autre – d'un côté... de l'autre

6. Exprimez par une phrase utilisant l'une des expressions ci-dessus les comparaisons suivantes :

1. Population active travaillant dans les services
1946 : 34 %   1980 : 55,3 %   1989 : 62,4 %
2. Nombre de divorces dans la population française
1900 : 7 400   1989 : 102 000

3. Proportion de femmes actives travaillant dans l'industrie : 20 %

Proportion d'hommes actifs travaillant dans l'industrie : 42 %

4. Pourcentage de jeunes au chômage par rapport au nombre total de chômeurs en France et en Grèce : 27 %

7. Comparez l'évolution du taux de chômage par sexe et par âge en France entre 1975 et 1992 telle qu'elle ressort du tableau ci-dessous :

	1975		1992	
	Hommes	Femmes	Hommes	Femmes
15-24 ans	6,7	10,1	16,7	26,0
25-49 ans	2,0	4,5	6,9	11,7
50 ans et plus	2,1	5,4	6,6	8,8
Ensemble	2,7	5,4	7,9	12,8

• Le plan de la comparaison
Exemple : comparer deux solutions

Introduction	→ problème posé (nature, contexte, etc.)
Solutions envisagées	
solution A	→ présentation du principe de la solution A
	avantages
	inconvénients
solution B	→ présentation du principe de la solution B
	avantages
	inconvénients
Conclusion	→ solution choisie ou recommandations pour choisir l'une des solutions

Exemple : comparer deux points de vue

Introduction	→ problème posé (nature, contexte, etc.)
Les points de vue en présence	
	présentation du point de vue A
	présentation du point de vue B
La comparaison entre les deux positions	
	divergences
	convergences
Conclusion	→ appréciation sur la possibilité de concilier les deux points de vue

8. Comparez les points de vue exprimés dans deux des articles introduisant le problème du chômage en France : «Le drame du chômage» (LE p. 74) et «Comment les Français s'adaptent au chômage» (LE p. 75) :

— identifiez le problème posé

— repérez les intervenants

— résumez les idées principales développées dans chaque article

— recherchez les thèmes communs à ces deux articles

— pour chaque thème commun, comparez les points de vue exprimés par les différents auteurs : convergences et divergences

— formulez une conclusion

RÉDIGER

▰▰▰ Un tableau comparatif

Quand ?
Lorsque vous devez comparer deux ou plusieurs événements/produits/solutions, etc.

Démarche
1. Vérifiez s'il s'agit d'«objets» comparables. A-t-on suffisamment d'informations pour faire cette comparaison ?
2. Identifiez les éléments qui vont être comparés : les critères de comparaison.
3. Élaborez le tableau comparatif.
4. Tirez les conclusions : informations complémentaires à rechercher, décisions à prendre, etc.
5. Rédigez le commentaire et les conclusions.

Structure du tableau comparatif

| Éléments à comparer →
Critères de comparaison ↓	Hommes	Femmes
Taux de chômage en 1992	7,9%	12,8%

9. Présentez sous forme d'un tableau comparatif les informations fournies par les cartes d'identité des régions Midi-Pyrénées (LE p. 30), Bourgogne (LE p. 54) et Champagne-Ardenne (LE p. 78). Rédigez un bref commentaire de ce tableau.

10. Présentez sous la forme d'un tableau les données fournies sur le travail à temps partiel par l'article «La révolution des horaires de travail : les freins» (LE p. 67). Examinez ensuite ce tableau : de quelles données supplémentaires auriez-vous besoin pour pouvoir comparer effectivement les différentes situations présentées ?

▰▰▰ Une synthèse d'un texte

Objectifs
Présenter d'une manière ramassée (20 à 25 % de la longueur du texte d'origine) le contenu d'un document sans ajouter de commentaire ou d'opinion personnelle dans le corps de la synthèse.

Démarche
La préparation de la synthèse
1. Identifiez le thème du texte en vous aidant de tous les éléments du support – titre, chapeau, etc. – (voir ci-dessus p. 13)
2. Identifiez le contenu du texte :
– Lisez le texte une première fois «en survol». De quoi parle le texte ? À quel thème connu pouvez-vous le rattacher ? Quelles sont les grandes parties du texte (paragraphes, coupes) ?
– Recherchez à qui s'adresse le texte est quelle est l'intention de l'auteur : description, démonstration, polémique ?

– Ne cherchez pas à comprendre tous les mots difficiles. Notez ceux qui vous gênent : le sens parfois s'éclairera à l'aide du contexte.

3. Analysez le contenu de chaque paragraphe pour hiérarchiser les informations contenues :

Dégagez l'idée principale et les idées secondaires. Notez les exemples et les illustrations. Vous pouvez vous aider d'une grille d'analyse (voir ci-dessus p. 32).

4. Construisez ensuite votre synthèse :

– Faites une lecture verticale de votre grille d'analyse ;

→ d'abord, la colonne des idées principales pour en dégager le plan et l'articulation, puis la colonne des idées secondaires : sont-elles importantes ? méritent-elles d'être citées dans un texte raccourci ? en quoi nuancent et/ou enrichissent-elles les idées principales ?

→ enfin la colonne des exemples et des illustrations qui ne figureront probablement pas dans la synthèse faute de place, mais qui éclairent le raisonnement de l'auteur. Repérez les informations que vous voulez conserver.

– Si le plan du document n'est pas clair, modifiez-le en regroupant les idées voisines et en les articulant de manière logique.

La rédaction de la synthèse

– Rédigez une introduction et une conclusion à la synthèse. Prévoyez un titre.

– Introduisez les parties par des intertitres qui résument l'idée principale.

– Rédigez le corps de la synthèse.

– N'ajoutez aucun commentaire personnel.

Gardez du temps pour relire votre texte et corriger les fautes d'orthographe et de syntaxe.

– Le texte de la synthèse ne doit pas dépasser 20 % de la longueur du texte d'origine.

11. Présentez – en vous inspirant de cette démarche – une synthèse écrite de l'article «L'arrivée du télétravail» (LE p. 68).

UNE SI JOLIE PETITE PLAGE

DOCUMENTS

1

France : évolutions entre 1970 et 1990

Énergie nucléaire : production x 50
Électricité : consommation x 3
Pesticides : consommation x 3
Population des banlieues : x 2
PNB (produit national brut) : x 1,5
Industrie : production x 1,4
Population : x 1,1
CO_2 par habitant : x 0,8

Déchets nucléaires : production x 50
Kilométrage autoroutier : x 4
Parc automobile : x 2
Engrais azotés : consommation x 1,8
Agriculture : production x 1,5
Énergie : consommation totale x 1,4
Surfaces cultivées : x 0,9
Population agricole : x 0,6

Comprendre l'environnement, *Philippe Paraire, Hachette, 1991*

2

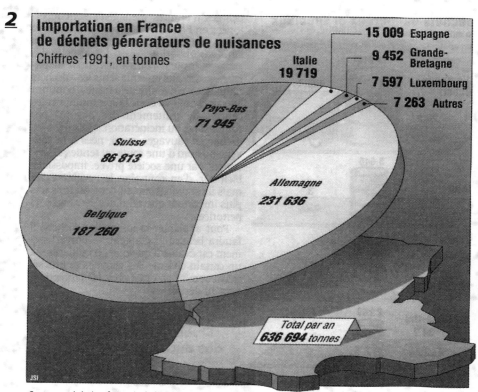

Importation en France de déchets générateurs de nuisances
Chiffres 1991, en tonnes

Espagne **15 009**
Grande-Bretagne **9 452**
Luxembourg **7 597**
Autres **7 263**
Italie **19 719**
Pays-Bas **71 945**
Suisse **86 813**
Allemagne **231 636**
Belgique **187 260**

Total par an **636 694** tonnes

Source : ministère français de l'Environnement

3

Composition des ordures ménagères
en millions de tonnes

2/3 — **1/3**

EMBALLAGES
Verre : **2,7**
Plastique : **2,1**
Métaux (acier + alu) : **1,5**
Papier-carton : **1**

Autres :
Papier-carton : **5,1**
Matières organiques : **4,7**
Bois : **0,8**
Textile : **0,4**
Divers : **2,2**

Total : 20,5 millions de tonnes

Le Point, *19.02.94*

4

La côte d'alerte : ce qu'en pensent les Français

Le total des pourcentages est supérieur à 100, les personnes interrogées ayant pu donner plusieurs réponses

À votre avis, quelle est la principale cause de la dégradation du littoral français ?

Les industries en bord de mer	**31 %**
Les programmes de construction (immeubles, maisons) en bord de mer	**42 %**
Les équipements touristiques en bord de mer (ports de plaisance, campings, golfs, etc.)	**12 %**
L'érosion naturelle	**1 %**
L'absence d'entretien	**14 %**
Sans opinion	**0 %**

Sondage SOFRES/Le Point, *10.06.94*

Quel est, à votre avis, le principal responsable de la dégradation du littoral ?

L'État, qui ne fait pas appliquer la réglementation	**29 %**
Les communes, qui accordent les permis de construire	**33 %**
Les promoteurs, qui construisent les programmes immobiliers	**35 %**
Sans opinion	**3 %**

Quel littoral souhaitez-vous ?

Que la nature soit préservée (animaux, plantes, paysages)	**81 %**
Que l'on privilégie l'accès libre à la mer	**33 %**
Qu'il soit le moins urbanisé possible	**28 %**
Qu'il y ait des équipements touristiques et de nombreuses possibilités de résidence	**7 %**
Sans opinion	**1 %**

1. À quel(s) thème(s) du dossier 4 se rattache chacun des documents présentés dans cette double page ?

2. Rédigez un chapeau pour introduire cette double page.

3. Quelles sont, parmi les évolutions de la France entre 1970 et 1990 (document 1), celles qui entraînent une dégradation de l'environnement ?

4. Parmi les informations fournies dans ces documents, lesquelles concernent :
     – la pollution et ses effets ?
     – le comportement du «citoyen-consommateur» ?
     – le comportement du «citoyen-producteur» ?

5. Vous citez le document 2 dans un article consacré à la pollution en France et destiné à une revue francophone de votre pays : rédigez le commentaire qui accompagnera ce graphique.

6. Analysez en une dizaine de lignes les résultats du sondage «La côte d'alerte : ce qu'en pensent les Français».

VOCABULAIRE

■ *«Le dialogue vert» (LE p. 103)*

1. Voici quelques expressions utilisant les couleurs. Reliez chaque expression à la définition correspondante :

1. un Vert	a. le pétrole
2. la houille blanche	b. un écologiste
3. l'or noir	c. disposer de toute latitude d'action
4. broyer du noir	d. l'électricité
5. être noir	e. être dépressif
6. voir rouge	f. être en situation irrégulière
7. voir la vie en rose	g. être ivre
8. le carnet rose	h. être optimiste
9. le Minitel rose	i. interchangeables, équivalents
10. la zone bleue	j. la messagerie électronique pornographique
11. une peur bleue	k. ne pas dormir de la nuit
12. avoir carte blanche	l. le potentiel intellectuel
13. passer une nuit blanche	m. les quartiers où le stationnement est réglementé
14. être marron	n. rubrique des naissances dans un journal
15. bonnet blanc et blanc bonnet	o. se mettre en colère
16. la matière grise	p. la terreur

2. Ces expressions ont-elles un équivalent dans votre langue ?

■ *«Quand la ville rend fou» (LE p. 88)*

3. Repérez dans le texte «Quand la ville rend fou» tous les mots désignant la ville et précisez-en le sens en vous aidant d'un dictionnaire français-français.

■ *«Tout Français, du nouveau-né au vieillard...» (LE p. 86)*

4. A. Précisez de quels mots sont formés les noms composés suivants :

Exemple : un nouveau-né ➡ nouveau (adjectif) + né (participe passé)

un marin-pêcheur ➡ marin (..........................) + pêcheur (..........................)

un grand-père ➡ grand (..........................) + père (..........................)

un porte-monnaie ➡ porte (..........................) + monnaie (..........................)

une contre-performance ➡ contre (..........................) + performance (..........................)

un savoir-faire ➡ savoir (..........................) + faire (..........................)

B. Construisez des noms composés à l'aide des mots de ces deux listes :

a) quatre – papier – fer – porte – centre – rendre *(conjugué)*
b) roues – carton – blanc – documents – ville – vous

5. Mettez au pluriel les noms composés de l'exercice 4 en vous aidant des exemples suivants :

des grands-parents   ➡ *grands (adjectif au pluriel)*   + *des parents (nom au pluriel)*
des pare-boue   ➡ *pare (verbe «parer» invariable)*   + *de la boue (nom au singulier)*
des après-midis   ➡ *après (adverbe invariable)*   + *des midis (nom au pluriel)*

■ *«Bagnoles, je vous hais ! » (LE p. 94)*

La voiture

le véhicule automobile : une voiture – une automobile – un véhicule – une quatre–roues – une caisse – une bagnole
un antivol – un autoradio – un radiotéléphone – un ordinateur de bord
les utilisateurs : un(e) automobiliste – un conducteur – un passager
la conduite : conduire (conduire en état d'ivresse) – doubler – dépasser – faire une queue de poisson – caler – freiner – accélérer – stopper – faire un appel de phares – reculer – se faufiler – faire du sur-place – rouler à droite/à gauche – respecter les panneaux de signalisation/les limitations de vitesse
le stationnement : un parking – la zone bleue – un parcmètre – un créneau – se garer – garer sa voiture – une contravention – un PV (un procès-verbal) – une «contredanse» – une contractuelle (une «Pervenche», du nom de la couleur de son uniforme) – mettre un PV – faire sauter un PV – payer un PV
la circulation : les feux – les panneaux – un couloir– un embouteillage – un encombrement – un bouchon – les grands départs – «Bison futé» – un itinéraire bis
les contrôles : le permis – le permis à points – le code/la conduite – le retrait de permis – passer le permis – rater le permis – un radar – un contrôle anti-alcoolique – souffler dans le ballon

---

6. Complétez ce portrait d'un mauvais conducteur à l'aide du mini-lexique ci-dessus.

Sur la route, il ne respecte ni les .... ni les .... Quand il ...., c'est toujours en haut d'une côte, dans un virage et en faisant .... aux véhicules qu'il dépasse. Quand il choisit une date pour partir en vacances, c'est toujours une date de .... malgré les avertissements de .... Sur le périphérique, il connaît tous les emplacements des .... et, parce qu'il a l'esprit de solidarité, il les signale aux autres automobilistes en multipliant les .... Il se moque de .... sa voiture en .... pendant plusieurs jours sans rien payer et s'arrange toujours pour faire sauter .... que les ...., toujours pleines de sollicitude, font pousser sur son pare-brise comme des feuilles au printemps. Il dit avoir des relations haut placées et cela doit être vrai, puisqu'on ne lui a jamais retiré son .... Conduire serait un plaisir parfait si on ne lui demandait pas si souvent de souffler .... : à trente ans, il estime avoir passé l'âge de ce genre de divertissement !

7. À vous de tracer le portrait d'un bon conducteur.

■ *«La techno-science maîtrisée» (LE p. 98)*

8. La «techno-science» ou une science dominée par la technique (préfixe «techno-» + science). Sur ce modèle, comment appelleriez-vous :

– une culture à caractère technique   – une maladie due à la technique
– un musée dédié à la technique   – le pouvoir de la technique

■ *«Recyclable ne signifie pas du tout qu'ils soient recyclés…» (LE p. 101)*

9. Le suffixe «-able» exprime une possibilité d'action, une qualité. Formez des adjectifs avec ce suffixe.

avoir la capacité de – peut être remarqué – peut être comparé – qui ne se termine pas – qui ne peut pas être remplacé – qui peut être jeté après usage – qui peut être réalisé – qui peut être recyclé – qui peut être régénéré – qui peut donner la rentabilité – qui peut être réutilisé.

GRAMMAIRE

TEST

■ *«Une bonne affaire qui permet à la France…» (LE p. 86)*

1. Quel pronom relatif choisir ? Complétez ces énoncés par le pronom qui convient :

1. L'affirmation selon .... la municipalité a donné son accord pour construire un nouveau centre de loisirs est fausse.
      a. *laquelle*   b. *lequel*   c. *que*

2. Le thème .... nous allons parler aujourd'hui concerne tous les citoyens, pas seulement les écologistes.
      a. *de quoi*   b. *duquel*   c. *dont*

3. – Tu connais la personne avec .... tu as rendez-vous ?
      a. *quoi* b. *qui* c. *laquelle*

4. Les ordures .... s'accumulent dans les rues des grandes villes deviennent vite une véritable nuisance.
      a. *qui*   b. *lesquelles*   c. *auxquelles*

5. Les villes dans .... nous vivons n'ont rien à voir avec les cités .... habitaient nos ancêtres.
      a. *lesquelles*   b. *quoi*   c. *où*   d. *lesquelles*   e. *quoi*   f. *où*

6. Athènes, ... connaît une forte pollution atmosphérique, a dû interdire la circulation un jour sur deux.
      a. *que*   b. *laquelle*   c. *qui*

7. Le candidat .... nous pensons pour ce poste possède une très solide expérience.
      a. *auquel*   b. *dont*   c. *à qui*

8. La voiture .... nous avons choisie possède tous les perfectionnements .... l'on peut attendre aujourd'hui d'un véhicule.
      a. *dont*   b. *que*   c. *laquelle*   d. *dont*   e. *que*   f. *lesquels*

■ *«C'est pourquoi il est vain de s'attaquer aux problèmes sociaux en supposant immuable…» (LE p. 88)*

2. **Le gérondif est utilisé pour exprimer des relations de condition, la simultanéité. Parmi les énoncés suivants, quels sont ceux qui peuvent être transformés à l'aide du gérondif ?**

    Exemple : – Vous prenez des risques si vous quittez ce poste.
          ➡ *Vous prenez des risques en quittant ce poste.*

    1. Vous appellerez le plombier quand vous rentrerez.
    2. Il s'est cassé une jambe au moment où il est sorti de sa baignoire.
    3. Je travaille et il en profite !
    4. Cette année, les contribuables ont payé moins d'impôts s'ils avaient un compte d'assurance-vie.
    5. Vous arrivez à téléphoner et en même temps vous conduisez ?
    6. N'oublie pas de m'écrire quand je serai à Paris !
    7. Nous vous remercions à l'avance. Veuillez agréer, Monsieur, nos salutations distinguées.
    8. Pour soigner sa grippe il reste au lit.
    9. Si tu ne répondais pas, tu pourrais laisser croire que tu es d'accord.
    10. Ils se sont quittés et se sont promis de se revoir la semaine suivante.

■ *«Le trafic s'en est trouvé allégé de 6 à 7 %.» (LE p. 96)*

3. **Double participe passé ou infinitif ? Choisissez et accordez le participe passé lorsque vous l'utilisez :**

    1. C'est un projet à .... d'urgence.
        a. *examiner*   b. *examiné*

    2. Nous leur avons .... de nous répondre le plus rapidement possible.
        a. *demander*   b. *demandé*

    3. Il faut leur faire .... un contrat en bonne et due forme.
        a. *signer*   b. *signé*

    4. Le budget de l'État s'est trouvé .... de plusieurs milliards de francs après la fermeture de certaines entreprises nationalisées.
        a. *alléger*   b. *allégé*

    5. Les plaignants se sont estimés .... par la décision du tribunal de commerce.
        a. *léser*   b. *lésés*

    6. Il n'est pas question de pouvoir .... une telle décision sans en .... à la région.
        a. *envisager*   b. *envisagé*   c. *référer*   d. *référé*

    7. Nous tenons à vous .... notre reconnaissance pour l'aide que vous avez bien voulu nous ....
        a. *exprimer*   b. *exprimé*   c. *apporter*   d. *apporté*

    8. Tout donne à .... que la construction d'un nouveau centre commercial à Nice, au bord de la mer, ne sera pas ....
        a. *penser*   b. *pensé*   c. *autoriser*   d. *autorisée*

■ *«Dans ces temps anciens, tout était nettement plus simple…» (LE p. 94)*

4. Relater un événement suppose la maîtrise des temps du passé. À vous de décider à quels temps conjuguer les verbes entre parenthèses dans le dialogue suivant :

« — Vous souvenez-vous des événements de 1968, de ce qui (*se passer*) au moment de la révolte des étudiants ?

— Je (*ne pas être encore né*) ! Vous (*y être*), vous ?

— Si je (*y être*) ? Et comment ! Je (*participer*) à presque toutes les manifestations importantes au quartier Latin.

— Ça (*devoir être*) impressionnant.

— Oui, ça (*être*) une période très riche dont je me souviens avec une certaine nostalgie. Nous (*être*) pleins de fougue, d'imagination ; on écrivait toutes sortes de slogans sur les murs : «Il est interdit d'interdire !»… On (*connaître*) le quartier comme notre poche : quand la police (*arriver*), nous (*déjà brûler*) quelques poubelles et (*briser*) quelques vitrines… mais ça (*ne pas aller plus loin*), en tout cas en ce qui concerne mes amis et moi.

— Vous (*être arrêté*) ?

— Non, je (*ne pas rester*) quand on (*commencer*) vraiment à se battre. Je (*préférer*) la violence verbale : les discours, les discussions qui (*durer*) toute la nuit !

— Vous (*garder*) le contact avec vos anciens camarades de Fac ?

— Avec certains, oui. Beaucoup (*faire ensuite*) des études très classiques et (*devenir*) des hommes et des femmes très «comme il faut». Rien à voir avec les jeunes enthousiastes et idéalistes qu'ils (*être*) alors.»

■ *«Quant à ses performances, ne rêvons pas de formule 1.» (LE p. 96)*

5. «Quand» ou «quant» ? Complétez les phrases suivantes :

1. Je partirai ………………… il arrivera.
2. D'après cet article, les paysages sauvages – ………………… à eux – sont menacés de disparition.
3. ………………… accepterez-vous d'écouter ?
4. ………………… aux déchets dangereux, ils devront être soigneusement enterrés.
5. Ils ne savent toujours pas ………………… ils recevront leur nouvelle voiture.

INFORMER

Définir des termes, des concepts

En expliquant, en précisant
c'est – ce sont :
«Une si jolie petite plage», c'est le titre d'un film célèbre d'Yves Allégret.
il s'agit de :
l'écobilan. Il s'agit d'une méthode mathématique...

cela signifie – cela veut dire :
Il n'y aura plus d'ouvriers, cela signifie que les ouvriers feront des tâches différentes.

appeler – définir – se définir comme :
On appelle «canopée» la partie haute des arbres de la forêt amazonienne.
On peut définir la canopée comme la partie haute des arbres de la forêt amazonienne.
La canopée se définit comme la partie haute des arbres de la forêt amazonienne.

La ponctuation

On traduit une définition à l'aide de deux points :
On isole une définition, une explication, à l'aide :
• de deux tirets –   –
Le ouvriers – que j'appelle désormais «opérateurs» – (LE p. 60)
• de parenthèses (   )
POS (Plan d'occupation des sols)

En formulant autrement
c'est-à-dire :
La revendication du droit des arbres, c'est-à-dire de la nature comme telle.
autrement dit :
Les entreprises «vertes», autrement dit les entreprises qui se préoccupent de l'environnement.

En caractérisant
caractériser – se caractériser par – le trait principal, la caractéristique, la spécificité de :
L'absence de frontière entre maison et bureau a toujours caractérisé certaines professions.

En proposant une comparaison, une équivalence
correspondre – représenter – équivaloir à – valoir :
Un écu correspond à environ 7 francs français.
Un écu représente environ 7 francs français.
Un écu équivaut à 7 francs français.
Un écu est l'équivalent de 7 francs français
Un écu vaut 7 francs français.

En opposant à autre chose
ce n'est pas – cela ne signifie pas – cela ne veut pas dire :
La voiture «hybride», ce n'est pas une voiture fonctionnant uniquement à l'électricité ; ce n'est pas non plus une voiture fonctionnant uniquement à l'essence.
Recyclable ne signifie pas du tout qu'ils soient recyclés.

1. Dans le texte «Quand la ville rend fou» (LE p. 88), repérez les définitions et les moyens utilisés pour les introduire.

2. Définissez les expressions suivantes :

un programme «poubelles» (LE p. 86) – le cadre urbain (LE p. 88) – l'avancée du béton (LE p. 90) – le papier consigné (LE p. 92) – faire un appel de phares (LE p. 94)

▬▬ Désigner un lieu (où ?)

	Un lieu précis
	ici – là – là-bas – ailleurs
	en province
	en Bretagne (mais : dans la région Midi-Pyrénées – dans le Nord)
	à Rennes
	rue du Maréchal-Foch / au 15 de la rue du Maréchal-Foch
habiter	au syndicat d'initiative / dans les locaux du syndicat d'initiative
vivre	au 2ᵉ étage d'un immeuble de la rue du
se trouver	Maréchal-Foch
être situé	à Paris
se produire	dans une quartier de la capitale
avoir lieu	dans le IXᵉ arrondissement
se passer	sur la rive droite / sur la rive gauche
se dérouler	en banlieue / dans la banlieue de / en grande banlieue
	à la montagne – à la mer / sur la côte – à la campagne
	Un lieu approximatif
	autour de – aux environs de
	avant – après – vers
	dans la périphérie de – dans le centre de
	près de – non loin de – à proximité de – loin de – à bonne distance de

3. Dans l'article «Ailleurs en Europe» (LE p. 96), repérez tous les termes qui désignent des lieux.

4. Rédigez une courte description de la carte de la Bretagne (LE p. 104). Présentez par exemple : la situation géographique de cette région, les départements qui la composent, les principales villes et leur emplacement , les moyens de communications, etc.

5. Au cours d'un exposé devant un groupe d'élus locaux sur le thème «Le littoral dénaturé», vous voulez projeter les diapositives des illustrations de l'article «La côté d'alerte» (LE pp. 90-91) : préparez la description de ces diapositives.

Décrire une personne (qui ?)

Quelques éléments d'identification

le nom	*Lambert Georges, Georges et Caroline Lambert, M. et Mme Lambert, les Lambert*
la situation familiale	*le père de Patrick, le fils de Pierre Lambert*
un titre/une fonction	*P-DG (Président directeur général) Chef du service marketing*
le rôle	*le fondateur de l'association Environnement l'auteur de le responsable de*
un déterminant	*le célèbre Federico Fellini*
par une relative	*Georges Lambert, qui a consacré toute son énergie à l'association Environnement, vient de démissionner après 20 ans de présidence.*

6. En vous inspirant de la description suivante, rédigez le portrait-robot de l'homme (ou de la femme) de l'«élite» de votre pays.

Nos confrères italiens du *Corriere della Sera*, relayés par *Courrier international*, nous interpellent : «Faites-vous partie de l'euro-élite ?» La question est passionnante. On se rue sur la réponse, qui définit ainsi l'élito-européen : «Il a 45 ans, il est allemand mais parle également bien l'anglais, il est diplômé et dirige une entreprise d'au moins 25 employés. Il téléphone à l'étranger au moins une fois par semaine et fait un voyage d'affaires en avion au minimum une fois dans l'année. Chez lui, il a deux voitures dont l'une est presque toujours un élégant break équipé d'un lecteur de CD stéréo. Il tient à sa ligne et à sa santé, même s'il ne peut souvent s'empêcher de fumer une cigarette. Le téléphone mobile ? Oui, il en a un, naturellement. Mais il le laisse à la maison. L'an dernier, avec sa carte de crédit (une Gold à crédit illimité), il a acheté des vêtements pour 12 000 francs et du parfum pour la coquette somme de 4 000 francs.» Vous serez sans doute nombreux à vous reconnaître dans ce portrait-robot qui nous trace la silhouette exquise d'un humanoïde, lequel, apparemment, ne lit pas de livres, n'écoute pas de musique, ne va ni au théâtre ni au cinéma. C'est sans doute pour cela qu'il appartient à l'élite : n'ayant aucune «surréaction», il ne perd pas son temps à faire des choses qui n'«optimisent» pas son potentiel énergétique. Sa seule fantaisie consiste à laisser à la maison son téléphone mobile. On voit par là que c'est un joyeux drille. Sur le sort duquel nous aurons l'occasion de revenir ; la vie des insectes a toujours été passionnante.

Chronique de Guy Lagorce – *L'Express*
3 décembre 1992

▬▬ Relater un fait (quoi ? quand ?)

<table>
<tr><td colspan="2">Des données quantitatives</td></tr>
<tr><td colspan="2">• chiffres précis :</td></tr>
<tr><td>– pourcentages</td><td>10 % des ...</td></tr>
<tr><td>– poids</td><td>10 kg de...</td></tr>
<tr><td>– populations</td><td>300 000 habitants</td></tr>
<tr><td>– distances</td><td>à 350 km de Marseille</td></tr>
<tr><td>– vitesses</td><td>30 km/h</td></tr>
<tr><td>– densités</td><td>50 habitants/km²</td></tr>
<tr><td colspan="2">• ordres de grandeur :
– environ..., de l'ordre de..., à peu près, plus ou moins</td></tr>
</table>

7. Relevez, en vous aidant du tableau ci-dessous, les informations chiffrées fournies dans les documents du dossier 4. Pour chacune d'elles, précisez s'il s'agit d'une information précise ou d'un ordre de grandeur :

Document	Données fournies	Information précise	Ordre de grandeur

Des énumérations de faits ou d'informations

• Elles peuvent se présenter sous la forme d'informations successives, séparées par des virgules dans une même phrase, ou par des points ou des points-virgules dans un même paragraphe.

«Cet établissement public achète des espaces naturels sur la côte, les déclare définitivement inconstructibles, les aménage et les donne en gestion aux communes.» (LE p. 90)

• Elles peuvent prendre la forme de listes.

Liste non numérotée : chaque élément de l'énumération est introduit par un tiret

Cet établissement public :
– achète des espaces naturels sur la côte,
– les déclare définitivement inconstructibles,
– les aménage
– et les donne en gestion aux communes.

Liste numérotée

Cet établissement public :
1) achète des espaces naturels sur la côte,
2) les déclare définitivement inconstructibles,
3) les aménage,
4) les donne en gestion aux communes.

8. Dans le document «Les trois écologies» (LE p. 85), relevez comment sont présentés et introduits les trois principaux courants écologiques.

9. Dans l'article «Plastique : écolo !» (LE p. 92), comment sont présentés les quatre paramètres de l'écobilan. Reformulez ce paragraphe en liant les paramètres.

Des faits ou des événements situés dans le temps

La succession

– naguère, autrefois,
– aujourd'hui, maintenant
– demain, dans le futur, à l'avenir
– d'abord, tout d'abord, au début, au départ,
  à l'origine, en premier lieu, avant
– puis, et puis, ensuite, après, en second
  lieu, pendant
– enfin, en dernier lieu, désormais,
  en conclusion, à la fin de

La simultanéité

– au moment où, au même moment,
  simultanément, dans le même
  temps, alors que, tandis que,
  pendant ce temps
– le gérondif, le participe présent,

Un moment précis

– en 1968 – en 68
– en mai 1968
– le 13 mai 1968
– à 5 h - au matin, à midi, le soir
– ce soir-là
– à ce moment précis

Une durée

– les années 90   – depuis cinq ans
– une décennie   – cela fait cinq ans que
– une décade   – sous huitaine
– des lustres   – dans les dix ans qui
                   viennent

Un moment approximatif

– vers le soir
– au cours de l'année 1968
– durant le troisième trimestre de
– pendant toute la législature,
– il y a cinq ans
– dans huit jours
– dans une semaine

Une fréquence

– trois fois par an
– deux fois par jour
– tous les jours
– au rythme de cinq voyages par semaine

10. Reconstituez l'ordre des paragraphes dans le texte suivant :

Protection du consommateur ou réglementation de la publicité des prix

1. C'est seulement en 1982 que cette obligation s'étend aux produits préemballés alimentaires et non alimentaires d'usage courant de façon à permettre aux consommateurs d'effectuer des comparaisons valables.

2. Enfin l'arrêté n° 73-42P du 20 septembre 1973 prescrit, pour une quinzaine de produits alimentaires préemballés, l'indication du prix au kilogramme et au litre.

3. La protection du consommateur est assez récente.

4. Il faut attendre les années 1970 pour voir apparaître les règles permanentes et générales de la publicité des prix. [...] Ces textes prescrivent l'indication par voie de marquage, d'étiquetage ou d'affichage des prix de tous les produits ou services offerts aux consommateurs.

5. Dans les années qui suivent, les mesures de protection du consommateur ne cesseront de se préciser et seront reprises dans l'ordonnance du 1er décembre 1986.

6. Elle trouve ses origines dans l'arrêté ministériel n° 24.692 du 17 octobre 1962 qui réglemente les modalités de publicité portant sur les prix [...]

Maryse Gileta, *Les Prix*, Eyrolles, 1990

– l'événement est ponctuel/terminé le passé composé le passé simple (langue écrite)	*Le programme Apollo a permis aux Américains de fouler la lune.* *«Au détour d'un couloir triste, j'aperçus une boutique éclairée…»* (LE p. 62)
– l'événement se déroule, se prolonge l'imparfait	*«Deux mondes s'ignoraient.»* (LE p. 29)
– l'événement est décrit… le futur le présent	*Né en 1802, Victor Hugo connaîtra l'exil…* *Dans les années 60, les Français vivent une véritable «révolution» industrielle.*
– deux événements ont eu lieu dans le passé : plus-que-parfait + imparfait plus-que-parfait + passé composé plus-que-parfait + passé simple plus-que-parfait + conditionnel présent	*La solution qu'il avait choisie ne pouvait pas réussir.* *La solution qu'il avait choisie a échoué.* *La solution qu'il avait choisie échoua.* *«…les autorités n'avaient pas prévu que les deux tiers des automobilistes se verraient offrir un abonnement annuel par leurs entreprises.»* (LE p. 17)

11. À quels temps sont conjugués les verbes de l'article «Bagnoles, je vous hais !» (LE p. 94) ? Vérifiez pour chaque temps utilisé à quel type d'événement il correspond d'après le tableau ci-dessus :

12. Même exercice avec le texte suivant :

LES DÉBUTS DE LA TÉLÉVISION HAUTE DÉFINITION ET LES DÉMÊLÉS DE L'ALLEMAGNE ET DE LA FRANCE

Tout avait pourtant bien débuté entre les deux pays, à la fin des années soixante-dix. Nos grandes entreprises, publiques (Aérospatiale, France-Télécom, Thomson) ou privées (Alcatel, Matra), ont très tôt misé sur les trois principaux aspects industriels de la télévision du futur : le matériel de transmission et de réception en haute définition, le câble et le satellite. Elles sont alors à l'affût de partenaires pour valoriser leur savoir-faire. C'est du reste le satellite qui va rapprocher Paris et Bonn.

En 1979, la décision est prise de lancer un projet commun de satellites de forte puissance (TDF en France, TV Sat en Allemagne). Aux yeux de Valéry Giscard d'Estaing, ce programme est une façon de lier un peu plus l'Allemagne à la construction communautaire en l'empêchant de se rapprocher de la technologie américaine. Mais la coopération se révèle difficile et le programme prend cinq années de retard. Les machines deviennent entre-temps obsolètes. Elles seront néanmoins envoyées sur orbite. Le beau pari tourne au cauchemar.

Victimes de pannes à répétiton, les satellites français et allemands ne séduiront pas grand monde : ils n'émettent aujourd'hui que des programmes croupions captés par un public d'initiés.

Le Spectacle du Monde n° 367
octobre 1992-p. 63.

RÉDIGER

▬▬ Un compte rendu

Objectifs

Analyser le contenu d'un document ou d'un ensemble de plusieurs documents et le reformuler d'une manière synthétique et objective. Le compte rendu peut être complété par un commentaire personnel bien distinct du corps du compte rendu.

Démarche

• La préparation du compte rendu

1) Prenez connaissance des matériaux et repérez :
– la nature du document (extrait de presse, sondage, statistiques, extrait d'un essai ou d'un ouvrage de vulgarisation) ;
– la forme générale des matériaux (document isolé, ensemble formant un mini-dossier) ;
– lorsqu'il s'agit d'un mini-dossier, l'importance relative des documents.

2) Identifiez et analysez le contenu de chaque document en vous aidant des outils d'analyse étudiés dans les dossiers précédents (grille d'analyse, tableau comparatif).

3) Construisez votre compte rendu.
– Faites une lecture verticale de vos outils d'analyse.
– Organisez les idées principales en un plan qui permette de rendre compte des différentes informations contenues dans les textes. Ce plan comporte obligatoirement :
   . une introduction : elle situe le problème traité, définit les limites de l'étude, soulève les questions auxquelles le compte rendu va répondre
   . une conclusion : elle résume les conclusions des documents ; elle peut répondre aux questions posées en introduction ; elle peut ouvrir de nouvelles interrogations.

• La rédaction du compte rendu

– Reformulez les idées exprimées – sans les déformer – en utilisant vos propres termes.
– Prévoyez un titre.
– Introduisez les parties par des sous-titres qui résument l'idée principale.
(Le texte du compte rendu ne doit pas dépasser 20 % de la longueur des documents d'origine.)

Vous pouvez compléter le compte rendu par quelques lignes de commentaire personnel sur les matériaux analysés et les conclusions que l'on peut en tirer (limite des informations présentées, période couverte par les documents, fiabilité des sources, etc.). Ce commentaire doit être clairement isolé du corps du compte rendu. Gardez du temps pour relire votre texte et corriger les fautes d'orthographe et de syntaxe.

13. Rédigez un compte rendu des documents consacrés, dans ce dossier, au littoral dénaturé : «La côte d'alerte» (LE p. 90) et «La côte d'alerte : ce qu'en pensent les Français» (ci-dessus p. 49).

DOCUMENTS

1

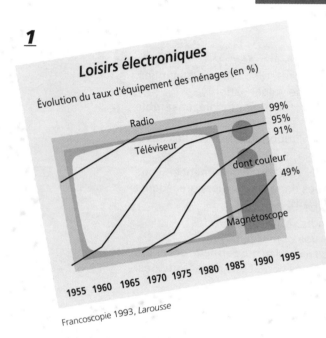

Loisirs électroniques

Évolution du taux d'équipement des ménages (en %)

Radio — 99%
95%
91%
Téléviseur
dont couleur
49%
Magnétoscope

1955 1960 1965 1970 1975 1980 1985 1990 1995

Francoscopie 1993, Larousse

Les adeptes du câble en France
L'Entreprise n° 64, janvier 1991

2

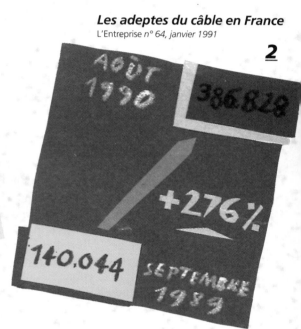

AOÛT 1990 · 386.828 · +276% · 140.044 · SEPTEMBRE 1989

Pourcentage de foyers équipés d'une télécommande
L'Entreprise n° 64, janvier 1991

3

75%

La crise du cinéma français

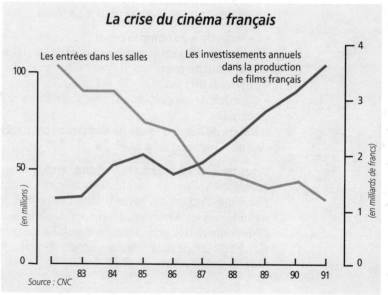

Les entrées dans les salles   Les investissements annuels dans la production de films français

100

50

0

(en millions)

4

3

2

1

0

(en milliards de francs)

83 84 85 86 87 88 89 90 91

4

Source : CNC

Le Nouvel Observateur, 9-15 juillet 1992

■ *Le financement du cinéma français*

5

«L'argent ne manque pas», répètent les professionnels et les experts. Devenir producteur est presque à la portée de tous : il suffit d'avoir un scénario et quelques acteurs, puis de faire le tour, rapide, des télés, SOFICA (1) et distributeurs, ainsi que des conseils régionaux : Rhônes-Alpes, Languedoc ou Aquitaine, qui distribuent des subventions à ceux qui tournent chez eux. En prime, pour les plus habiles, il y aura les recettes de la vidéo et les marchés étrangers. [...] La crise d'identité a suscité depuis quelques années des projets très ambitieux financièrement. [...] La politique des films «chers» reste plébiscitée par la profession, qui y voit la seule réplique à la télévision.

Le Nouvel Observateur, 9-15 juillet 1992

(1) SOFICA : structures de financement qui permettent à des particuliers d'investir dans le cinéma en bénéficiant d'une franchise fiscale. En 1991, les SOFICA ont financé 55 films pour un montant total de 173,7 millions de francs.

6

"Sophia Antipolis, bien sûr ! Et à part çà ?"

Le Parc International de Sophia Antipolis (500 établissements, 9.000 emplois) est la référence européenne en matière de technopôles. Premier parc câblé en fibres optiques, il couvrira bientôt 4.000ha.

Mais à part çà, la Côte d'Azur industrielle, scientifique et technologique, c'est aussi:
● 30 sites d'activités de Mandelieu à Menton, des produit nouveaux et diversifiés: Bureaux, locaux hi-tech, locaux industriels...
● Le Centre d'Affaires de Nice, l'Arénas: 150.000m2 de bureaux face à l'aéroport international Nice Côte d'Azur,
● Des prix compétitifs et une excellente rentabilité pour les investisseurs (8 à 11%).
● Des services financiers adaptés.
● Des liens étroits Université-Industrie.
● Des pépinières d'entreprises.
● L'Aéroport International Nice Côte d'Azur, le 2e de France (5 millions de passagers par an).

L'immobilier d'entreprises connait sur la Côte d'Azur un essor spectaculaire.

CÔTE D'AZUR
industrielle et scientifique
L'AVANTAGE EN NATURE

C.H.O.C. Publicité - Photo J. Tomasini.

IMPLANTEZ VOTRE ENTREPRISE SUR LA CÔTE D'AZUR

Pour recevoir une documentation concernant l'immobilier d'entreprises sur la Côte d'Azur, retourner ce coupon à Thierry Martin, Directeur Général de Côte d'Azur Développement.

CAD CÔTE D'AZUR DÉVELOPPEMENT
Bureau de Développement et de Promotion Economiques, 10, rue de la Préfecture - B.P. 142 - 06003 Nice Cedex.
Tél: 93.92.42.42 - Télex Cadelex 470 134 F.
Télécopie: 93.80.05.76
Présidé par Jacques MEDECIN

☐ Investissement ☐ Achat ☐ Location
Société_____ Adresse_____
Mme, Mr_____
Fonction_____ Tél_____

EN 01/10

---

1. À quel(s) thème(s) du dossier 5 se rattache chacun des documents présentés dans cette double page ?

2. Examinez les documents 1, 2 et 3 : quelle influence l'évolution des loisirs électroniques ainsi que la progression du câble et de la télécommande peuvent-elles avoir sur les habitudes culturelles des Français ?

3. Commentez en quelques lignes le graphique «La crise du cinéma français» (document 4).

4. Rédigez un compte rendu de l'ensemble des documents concernant le cinéma contenus dans le dossier 5 (Livre de l'élève et Cahier d'exercices).

5. À qui s'adresse l'annonce de Côte d'Azur Développement (document 6) ? Que propose-t-elle ? Quels arguments utilise-t-elle ? Quelle image veut-elle donner de la Côte d'Azur ?

VOCABULAIRE

■ *«Comme jamais»* (LE p. 112)

1. Expliquez le sens de chacun des énoncés suivants :

1. Au moment où la diffusion de la recherche est assurée comme jamais… (LE p. 112)
2. Un monde sans kitsch ne serait-il pas invivable ? (LE p. 112)
3. Il joue du piano comme personne.
4. Dans tous les secteurs, ce ne sont que dictionnaires, encyclopédies, catalogues, répertoires. (LE p. 113)
5. Mais nul récit, nulle synthèse ne permettent de rien approfondir. (LE p. 113)
6. Il en est du savoir comme de la musique ou des images : le zapping est roi. (LE p. 113)
7. Le respect de cette diversité, dont le cinéma plus qu'aucun autre art porte la marque, ne conduit pas à enfermer les minorités dans leurs particularismes. (LE p. 114)
8. L'enjeu, la stratégie, les montants alloués sont loin d'être les mêmes. (LE p. 118)

■ *«Ils avaient des dollars dans les yeux»* (LE p. 115)

> **L'argent**
>
> • l'argent – la monnaie – les espèces – le fric – les sous – le pognon – les ronds – le blé
> • les capitaux – les fonds – les disponibilités – les flux financiers – la rentabilité des capitaux – faire un placement – une plus-value – une moins-value – gagner de l'argent – perdre de l'argent – espérer des rentrées d'argent – avoir du mal à joindre les deux bouts
> • l'épargne – les économies – un(e) épargnant(e) – économiser – épargner – disposer de réserves – faire des économies – avoir des économies – mettre (de l'argent) de côté
> • le crédit (à la consommation) – le taux d'endettement – un emprunt – un prêt – une échéance – une mensualité – emprunter – souscrire un emprunt – s'endetter – avoir recours au crédit – obtenir un prêt – rembourser un prêt – prêter – accorder un prêt – consentir un prêt

2. Complétez ces phrases avec l'un des mots du mini-lexique ci-dessus :

1. Avec un taux d'inflation de 20 % par an, les ménages voient fondre leurs ....

2. Ils ont .... en vendant leur appartement au mauvais moment.

3. Avec ce qu'il s'est fait en traficotant, c'est pas .... qui lui manque maintenant ! *(vulgaire)*

4. Si vous attendez quelques années pour revendre vos actions, vous avez une chance de faire une excellente ....

5. De plus en plus, les consommateurs ont recours au .... pour financer l'achat d'équipement ménager ou de mobilier.

6. Il faut des .... considérables pour lancer une grande opération immobilière.

7. Le dernier emprunt d'État a été entièrement .... en quelques jours par le public.

■ *«Finie, l'époque du parrainage coup de cœur ou coup de bluff.»* (LE p. 119)

3. Dans les énoncés suivants, remplacez l'expression construite avec le substantif «coup» par un terme ou une expression équivalents :

Exemple : L'accusé n'a pas prémédité son crime : il a agi sur un coup de folie.
→ Il a eu un geste de folie

1. Je ne voulais pas acheter de chien, mais en entrant dans le chenil, j'ai eu un (coup de cœur) pour un adorable fox-terrier… et je l'ai acheté !

2. Ne le croyez pas, sa proposition, c'est un simple (coup de bluff).

3. L'annonce de la démission du Premier ministre, cinq mois seulement après sa nomination, a constitué un véritable (coup de théâtre) pour le public et toute la classe politique.

4. Je ne vous conseille pas ce restaurant : c'est le vrai (coup de bambou).

5. Ça ne vous ennuie pas que j'utilise votre téléphone. J'ai un petit (coup de fil) à passer.

6. Pour redresser cette entreprise, il faudrait donner un grand (coup de balai) dans les services administratifs.

7. Il a accepté de s'installer à Gap ? – Oui, il a eu le (coup de foudre) pour les Alpes.

8. La dernière décision du Maire ? C'est un (coup bas) contre le développement artistique de notre ville.

9. Les mesures pour relancer la consommation n'ont servi à rien : un véritable (coup d'épée dans l'eau).

10. Les syndicats ont donné le (coup de grâce) au plan social de l'entreprise en refusant les réductions de salaires proposées.

11. Pour promouvoir le cinéma français, il va falloir donner un (coup d'accélérateur) aux coproductions avec la télévision.

12. Inutile de lui demander son avis, il est (hors du coup), il est trop vieux.

13. Je suis aux (cent coups) : le petit n'est pas rentré de la nuit !

14. Il a fait les (400 coups) quand il était jeune ; maintenant c'est un personnage sérieux et respecté.

■ *«La plus révolutionnaire des machines, c'est la télécommande.» (LE p. 113)*

4. **La «télécommande» (préfixe «télé-» + commande) permet de commander un récepteur à distance. Comment sont composés les noms suivants et que signifient-ils ?**

la télévision – le téléphone – la télématique – le télétraitement des données informatiques – la télépathie – le télégraphe

■ *«Dans toute coproduction européenne...» (LE p. 114)*

5. **Les préfixes «co-» et «con-» signifient «avec», «ensemble» : reliez les mots (colonne 1) à leur définition (colonne 2) :**

un co-éditeur   un spectacle produit par plusieurs partenaires
un concitoyen   quelqu'un qui participe à l'édition d'un livre
un condisciple   qui a été dans la même classe
une coproduction   qui appartient au même pays

■ *«Ils risquent d'inonder le marché.» (LE p. 125)*

6. **Les énoncés suivants, extraits du dossier 5, comportent tous une expression imagée : trouvez à quel domaine elle appartient.**

Exemple : inonder le marché – l'eau, les catastrophes naturelles
1. Les musées sont pris d'assaut. (LE p. 112)
2. Un appétit renouvelé de connaissances. (LE p. 113)
3. Le nivellement des genres. (LE p. 114)
4. Des œuvres qui ne prennent racine dans aucune réalité sociale. (LE p. 114)
5. Le rock beaucoup moins gourmand en «main-d'œuvre» musicale. (LE p. 116)
6. La culture qui reste l'un des piliers du mécénat. (LE p. 119)
7. Il y a chez beaucoup d'élus un grave dérapage. (LE p. 120)
8. Ce film épouse quelques tendances actuelles du secteur. (LE p. 126)
9. Le métissage des images. (LE p. 126)
10. Le tourisme industriel commence seulement à décoller en France. (LE p. 126)

11. Le tourisme industriel n'en est qu'à ses premiers balbutiements. (LE p. 126)

12. S'amarrer à l'Europe. (LE p. 132)

13. La même Méditerranée ourle l'une et l'autre. (LE p. 133)

14. Elles misent toutes les trois sur un tourisme culturel. (LE p. 133)

15. Les enfants sont prêts à mettre les bouchées doubles. (LE p. 135)

GRAMMAIRE

TEST

■ *«Le producteur majoritaire peut imposer la langue, en général la sienne.» (LE p. 114)*

1. Remplacez les termes soulignés par un pronom possessif.

1. – Vous voulez que je vous prête des gants ? – Non merci, j'ai <u>mes gants</u>.

2. On prend ta voiture ? <u>Notre voiture</u> est en panne.

3. – C'est à qui cette valise ?

   – C'est <u>ma valise</u> !

   – Mais non, ce n'est pas <u>ta valise</u> ! Regarde, il y a un nom dessus et ce n'est pas <u>ton nom</u> !

4. Voici mon bureau ! <u>Votre bureau</u> est juste à côté !

■ *«C'est l'ensemble du tourisme technique et scientifique qui se développe en France.» (LE p. 128)*

2. Mettez en valeur les termes soulignés.

Exemple : Il veut <u>ce poste</u> . ➡ *C'est ce poste qu'il veut.*

1. Je pense à <u>ma mère</u>.

2. <u>C'</u>est grave.

3. Nous allons maintenant nous occuper de <u>ce problème</u>.

4. Cette lettre est destinée à <u>une personne précise</u>.

5. <u>Ce point de l'ordre du jour</u> est important pour tous les participants.

■ *«Si l'objectif est de comprendre l'empreinte... » (LE p. 129)*

3. Comment utiliser les temps correspondants, exprimer une condition, une hypothèse. Dans les phrases suivantes, conjuguez les verbes au temps qui convient.

1. Si l'on (refuser) le changement, on se prépare à de grandes difficultés.

2. Si le sens d'un mot anglais (pouvoir) être exprimé par un mot français, il faut choisir le mot français.

3. Il faudra emporter son parapluie, si ce que la météo (annoncer) (être) vrai !

4. Et si nous (décider) de nous installer au Canada ?

5. Si je (savoir) que les Durand (apporter) un gâteau, je n'aurais pas préparé de dessert.

6. Si les enfants (cesser) de regarder constamment la télévision, ils consacreraient plus de temps à la lecture.

7. Le ministère de la Culture pourrait financer plus d'opérations de sauvetage de monuments historiques s'il (disposer) d'un budget plus important.

8. J'aurais été heureuse de vous aider si vous (me dire) que vous (avoir) des problèmes.

9. Si vous (ne pas alerter) la presse, ces tableaux auraient été vendus à des acheteurs étrangers et il aurait été trop tard pour intervenir.

10. Il (falloir) que vous preniez des mesures urgentes pour éviter la fermeture de ce musée.

■ *«Dans un an, il sera possible de faire une première recherche bibliographique chez soi...» (LE p. 125)*

4. Par quels temps exprimer une action future ? Conjuguez les verbes de ces énoncés aux temps qui conviennent pour exprimer l'action au futur :

1. Quand vous (finir) de crier, je (pouvoir) peut-être m'expliquer ?

2. Après que le consultant en ingénierie culturelle (définir) l'image culturelle de la ville, le maire et le conseil municipal (pouvoir) choisir les thèmes des prochaines manifestations culturelles.

3. L'Union des annonceurs (éditer) très prochainement une série de définitions précises des différentes formes de parrainage.

4. Les producteurs de ce film ont exigé que l'acteur principal (être) allemand et la scénariste, américaine.

5. Les particuliers qui (investir) dans l'art au cours des prochaines années (risquer) de perdre beaucoup d'argent, car ce marché (devenir) de plus en plus un marché de professionnels.

■ *«Elles misent toutes les trois sur un tourisme culturel.» (LE p. 133)*

5. Toujours les prépositions... Complétez par la préposition qui convient. Le signe ø indique qu'il n'y a pas lieu d'en mettre une. Attention à l'orthographe !

1. Les Français se plaignent souvent .... la réduction de leur niveau de vie.
   a. *de*   b. *sur*   c. *ø*

2. Les enfants raffolent .... ce personnage animé.
   a. *pour*   b. *de*   c. *ø*

3. Nous comptons .... vous pour finir le travail à temps.
   a. *avec*   b. *sur*   c. *ø*

4. Les cartes bancaires soulèvent .... un problème de sécurité.
   a. *de*   b. *à*   c. *ø*

5. La solution pourrait consister .... utiliser d'autres moyens que les chèques.
   a. *de*   b. *à*   c. *ø*

6. Vous ne risquez pas .... vous ennuyer ?
   a. *de*   b. *à*   c. *ø*

7. Ils n'ont sûrement pas oublié .... ton anniversaire !
   a. *de*   b. *à*   c. *ø*

8. Cette émission traite .... l'alimentation des jeunes.
   a. *de*   b. *à*   c. *ø*

9. Ne vous obligez pas .... rester calme !
   a. *de*   b. *à*   c. *ø*

10. .... quoi s'intéresse-t-il ?
    a. *de*   b. *à*   c. *ø*

11. Les consommateurs investissent .... des équipements durables.
    a. *sur*   b. *dans*   c. *ø*

12. Nous nous engageons .... offrir aux vacanciers une grande qualité de service.
    a. *de*   b. *à*   c. *ø)*

EXPLIQUER

▬▬ L'importance relative des faits dans la démonstration et l'explication

Le plan en «zoom» : du général au particulier
Introduction : présentation du problème
Vue d'ensemble : situation générale, différents aspects de la question
Analyse :   étude détaillée des différents aspects
          aspect 1
          aspect 2, etc.
Synthèse : interaction des différents aspects
Conclusion : réponse au problème posé en introduction.

Les expressions utilisées
– en général, dans l'ensemble, d'un point de vue général,
  d'une manière générale
– sur le point particulier suivant   – d'une part... d'autre part
– au sens large... au sens étroit   – d'un côté... de l'autre

1. Dégagez le plan de l'article «Les enfants du zapping» (LE p. 113), dans lequel Pierre Billard explique ce qu'est le NCC.

2. Relevez dans le texte «Quand la science copie l'intelligence humaine» (LE p. 127) les expressions utilisées par Saymour Papert pour expliquer ce qu'est l'intelligence artificielle.

▬▬ Les liens de cause à effet

Le plan «cause-conséquence-cause-conséquence»
Introduction : situation actuelle (conséquence finale)
Développement : une chaîne continue (cause-conséquence-cause-conséquence) expliquant la situation actuelle.
Conclusion : remèdes possibles – avenir envisageable.

Le plan «causes-conséquences»
Introduction : situation actuelle (conséquence finale)
Développement : plusieurs causes entraînant différentes conséquences dont l'ensemble explique la situation actuelle.
Conclusion : remèdes possibles – avenir envisageable.

Les causes
– à cause de
– comme
– parce que, car
– puisque
– attendu que, vu (+ *nom*), vu que
– du fait de, compte tenu de, compte tenu du fait que
– étant donné que (+ *verbe*), étant donné le (+ *nom*)
– pour (+ *infinitif*), par (+ *substantif*)

– dans la mesure où, d'autant que
– du moment que,
– grâce à
– de peur que, de crainte que
– par manque de, en l'absence de, faute de, à défaut de
– sous prétexte de
– être dû à, avoir pour cause, résulter de, provenir de
– entraîner, engendrer, causer, créer, produire

Les conséquences

- en conséquence, par conséquent
- c'est pourquoi
- donc, partant
- c'est ainsi que
- tel… que, tellement… que, tant… que, si… que
- avoir pour effet / conséquence / résultat / résultante
- résulter dans
- il résulte de, il découle de

La concordance des temps

- de crainte que, de peur que   ➡ subjonctif
- parce que   ➡ indicatif

3. Reliez les causes (A.) et les conséquences (a.) en utilisant les charnières indiquées entre parenthèses. Modifiez la construction des énoncés si nécessaire :

> *Exemple : A. la crise*
> *a. l'effondrement du marché de l'art*
> *(1. provoquer – 2. à cause de – 3. avoir pour effet)*
> *1. La crise a provoqué l'effondrement du marché de l'art.*
> *2. Le marché de l'art s'est effondré à cause de la crise.*
> *3. La crise a eu pour effet l'effondrement du marché de l'art.*

A. la hausse du cours du dollar
a. une dégradation de la balance commerciale française au cours du mois de mars
  (1. *entraîner* – 2. *être dû à* – 3. *avoir pour conséquence*)

B. la baisse des recettes des impôts locaux
b. les municipalités ont dû réduire leurs dépenses culturelles
  (1. *compte tenu de* – 2. *dans la mesure où* – 3. *faute de*)

C. éviter le renouvellement des manifestations contre le nouveau tracé du TGV
c. le ministère des Transports a prévu une concertation étroite avec les associations de riverains
  (1. *pour…que* – 2. *pour* – 3. *car*)

D. le mécénat sportif n'est plus à la mode
d. les entreprises préfèrent soutenir des actions culturelles ou humanitaires
  (1. *donc* – 2. *puisque* – 3. *comme*)

4. Recherchez quelques-unes des causes qui ont pu provoquer les événements suivants. Utilisez les expressions ci-dessus en variant les formulations.

1. Le TGV «Eurostar» – qui relie Londres à Paris par le tunnel sous la Manche – n'est pas arrivé à Paris à 18h32 comme prévu.
2. Le projet de film européen *Henri IV* vient d'être abandonné.
3. Une exposition consacrée à Rubens pourra enfin être organisée.
4. Les réactions passionnées à la suite de l'émission «L'Heure de Vérité» programmée hier soir.
5. L'ensemble du conseil municipal d'une grande ville démissionne.

Le plan «thèse-antithèse-synthèse»

Introduction : le problème posé
Développement : thèse
                            antithèse
Conclusion : synthèse entre les approches opposées, précédemment développées
Remarque : d'autres plans, qui s'inspirent de ces différents schémas, peuvent être utilisés.

Les expressions utilisées

– d'une part…, d'autre part
– certains avancent que…, d'autres
  soutiennent que
– dans un certain sens, on peut dire
– d'un autre côté, on soutient que

---

5. Dégagez le plan de l'article : «Cinéma : la fiction européenne» (LE p. 114). Quelles expressions utilise l'auteur pour introduire et relier les différentes parties du plan ?

Les conditions de l'action

Le plan «condition-conséquence» (exemple)

Introduction : la situation à modifier
Développement : les conditions à remplir les conséquences qui en découlent
Conséquence : la nouvelle situation

Les expressions utilisées

– si – et si	– même si
– si jamais	– si par hasard
– si seulement	– sauf si + *infinitif*
– si… et si	– si… et que – si… sinon
– dans la mesure où	
– à (la) condition de	– sous réserve de
–moyennant de	– au risque de + *infinitif*
– quitte à – sauf à – autant	– à moins de
– faute de	– à défaut de +*nom* + *infinitif*
– sauf	– moyennant + *nom*
– à condition que	– pour autant que
– à moins que	– pourvu que + *subjonctif*

---

6. Voici une série d'événements et de conditions : reliez-les en utilisant les expressions ci-dessus. Proposez trois expressions différentes pour chaque phrase (attention à la construction).

1. Cette voiture *(vous plaire)* ➡ *(l'acheter)*
    Cette voiture *(ne pas vous plaire)* ➡ *(choisir)* un autre modèle
2. Vous *(ne pas avoir)* un carton d'invitation ➡ *(ne pas pouvoir)* assister au colloque sur la «Culture et l'argent»
3. Tu *(être)* déjà en retard ? ➡ *(prendre)* le temps de boire un café !

7. Dégagez le plan de cet article consacré à la privatisation de l'une des premières banques françaises : la BNP (Banque nationale de Paris). Quelles expressions l'auteur utilise-t-il pour introduire et relier les différentes idées ?

Faut-il acheter ?

La BNP ne sera pas le coup de Bourse du siècle. Mais son action devrait logiquement réserver une surprise agréable à ses acheteurs, même si des cahots sont prévisibles, dans les prochains mois. En effet, la récession française n'a pas fait baisser la Bourse de Paris, qui affiche des niveaux historiquement élevés. Une chute n'est donc pas impossible. Et dans ce cas les banques peuvent souffrir. […]

On pourrait donc penser que la période n'est pas la mieux indiquée pour investir en Bourse. Toutefois, les privatisations sont des phénomènes particuliers. Le gouvernement tient certes à faire rentrer des milliards dans ses caisses, mais il ne veut pas pour autant mécontenter des épargnants-électeurs. La BNP sera donc vendue à un prix modéré. […] Enfin, l'État distribuera une action gratuite à tous les épargnants qui auront acheté dix actions et les auront gardées dix-huit mois. Et voilà 10 % de gain assuré dans la poche. Ultime cadeau : les droits de garde sur les actions seront gratuits pour les clients de la BNP.

Conclusion : malgré la conjoncture boursière incertaine, cet achat devrait donner des résultats corrects comparés aux SICAV monétaires. Mais pas d'illusions : les banques sont des «valeurs de fond de portefeuille», pas des actions-turbo.

Le Nouvel Observateur, n° 1508, 30.9 au 6.10.1993

Un projet

Exemple d'un plan possible
Introduction : explication du projet (quoi ? pourquoi ? échéance finale ? responsable ?)
Les étapes (pour chaque étape : place dans le projet ? qui ? quoi ? échéance ?)
Conclusion : résultats attendus

Les expressions utilisées		
introduire le projet	**présenter l'objectif**	**donner les échéances**
– envisager de	– ce projet a pour objectif de/pour but de *+infinitif*	– être terminé/achevé/finalisé
– prévoir de		– dans un mois
– se proposer de *+infinitif*	– ce projet a pour objectif/pour but + *nom*	– pour le 4 juin – pour la date du 4 juin – échéance : le 4 juin – à l'échéance du 4 juin
– projeter de		
– avoir le projet de	– rechercher + *nom*	

8. Quelles formules utiliseraient-ils pour présenter leur projet ? Variez les formulations à l'aide des expressions ci-dessus :

1. La direction de la communication d'une entreprise / une exposition parrainée par cette entreprise.
2. Un éditeur de livres scolaires / le lancement d'une collection de disques compacts interactifs à caractère pédagogique.
3. Le ministre de l'Économie / l'augmentation des impôts l'année suivante

Les temps pour exprimer une action au futur	
L'impératif	*Rentrez avant 9 heures !*
	Soyez partis quand je reviendrai !
Le subjonctif	*Je veux qu'il finisse ce rapport avant son départ.*
(après certains verbes)	
Le présent de l'indicatif	*Attendez-moi ! Je finis ce rapport et j'arrive.*
Le futur proche	*Tu vas déjeuner au restaurant ?*
Le futur	*Nous reviendrons dans une heure.*
Le futur antérieur	*Il vous recevra aussitôt qu'il aura fini.*

9. Formulez le projet de visite industrielle proposé dans le Livre de l'élève (p. 129, question 9) en vous aidant des différents moyens présentés ci-dessus.

RÉDIGER

▬▬ Un mode d'emploi

Objectifs
Expliquer de manière précise et compréhensible le déroulement d'un processus plus ou moins complexe (une recette de cuisine, le code de la route, le fonctionnement d'un objet, une procédure de travail, etc.).

Méthode
– Analysez le processus à décrire pour en comprendre parfaitement le fonctionnement.
– Si le processus est complexe, décomposez-le en sous-ensembles.
– Pour chaque sous-ensemble, identifiez les étapes du déroulement.
– Pour chaque étape, précisez :
    . quoi faire ?
    . quand le faire ?
    . qui doit le faire ? avec qui ?
    . comment le faire : moyens matériels, gestes ?
    . quels sont les points clés et/ou les difficultés particulières ? comment procéder ?

Outils
– Les schémas explicatifs, les illustrations.
– Les moyens linguistiques : les temps.

Le temps dans un mode d'emploi	
– L'impératif	*Choisissez la pince n° 5 pour couper le fil de cuivre !*
– L'infinitif	*Choisir la pince n°5 pour couper le fil de cuivre.*
– Une combinaison de l'impératif et de l'infinitif	*Pour couper le fil de cuivre, choisissez la pince n°5.*

10. Sélectionnez quelques modes d'emploi (en langue maternelle ou en français) et examinez la manière dont ils sont conçus, rédigés et présentés. Parmi ces documents, quels sont ceux qui vous paraissent faciles à utiliser ? Pourquoi ?

11. Lisez le mode d'emploi suivant et comparez les moyens utilisés par l'auteur aux conseils donnés pour la rédaction d'un tel document (titre, objectif, description des étapes, mise en évidence des points clés ou des difficultés ; utilisation des illustrations ; moyens linguistiques utilisés, etc.)

Extrait du manuel *Hypercard* (Apple) p. 140.

Outil Ovale

L'outil Ovale

L'outil Ovale permet de dessiner des ovales et des cercles. Pour dessiner un ovale, faites glisser le pointeur en diagonale. Pour dessiner un cercle, appuyez au préalable sur la touche Majuscule.

Pour dessiner le fond de l'objet dans le motif choisi, choisissez «Tracé plein» dans le menu Options.

Pour dessiner le contour de l'objet dans le motif choisi, appuyez sur la touche Option en faisant glisser le pointeur.

Pour dessiner un ovale en fixant son centre à un point donné, choisissez «Tracé depuis le centre» dans le menu Options et faites glisser le pointeur.

12. Rédigez à votre tour un mode d'emploi ou un extrait de mode d'emploi pour un objet complexe que vous utilisez.

6

LA VALSE DES ÉTHIQUES

DOCUMENTS

L'entreprise et la société

Quels sont, à votre avis, les six problèmes de société énumérés ci-dessous qui préoccupent le plus les dirigeants d'entreprise ?

	FRANCE	ÉTATS-UNIS	ALLEMAGNE	JAPON
Éducation	87 %	80 %	76 %	65 %
Environnement	51 %	40 %	58 %	69 %
Chômage	38 %	15 %	28 %	18 %
Alcoolisme et drogue	10 %	39 %	26 %	8 %
Pauvreté	22 %	12 %	18 %	14 %
Criminalité	12 %	20 %	16 %	26 %

1

L'Entreprise n°68, *mai 1991*

2   *Délits en tout genre*

Nombre de délits et évolution :

	1991	1979	Évolution 1979/1991
• Vols	2 456 871	1 592 437	+ 54 %
• Escroqueries et infractions économiques et financières dont :	566 567	79 780	+ 610 %
– chèques sans provision	141 572	212 721	- 33 %
– fausse monnaie	977	-	-
– fraude fiscale	2 985	856	+ 249 %
– falsifications, usage de cartes de crédit	43 947	-	-
– délinquance économique et financière	62 566	-	-
• Crimes et délits contre les personnes	141 716	94 607	+ 50 %
• Stupéfiants, paix publique et réglementation dont :	578 958	79 780	+ 626 %
– infractions à la législation sur les stupéfiants	62 021	10 430	+ 495 %
– délits à la police des étrangers	46 356	11 055	+ 319 %
– port et détention d'armes prohibées	15 787	9 286	+ 70 %
• Autres		117 252	
TOTAL	**3 744 112**	**2 330 566**	**+ 61 %**

Francoscopie 1993, *Larousse*

3

LE RECRUTEMENT ET LA LOI

En matière de recrutement, toutes les questions sont permises, mais il est interdit :

1. d'exclure d'un emploi un candidat en raison de sa race, de son sexe, de sa situation de famille, de son état de santé, d'un handicap, de sa religion ou de sa nationalité ;
2. de justifier un refus d'embauche par une grossesse ou l'appartenance à un syndicat ;
3. d'obliger un candidat à fournir son casier judiciaire ; d'exiger son dossier scolaire ;
4. de se fonder sur les résultats d'un test informatisé pour recruter.

La convention européenne du 28 janvier 1981 stipule que les données personnelles collectées doivent être «adéquates, pertinentes et non excessives»...

NOUS DONNONS A L'ILE DE FRANCE LE SOUFFLE D'UNE RÉGION QUI GAGNE.

Avec le Conseil Régional,
l'Ile de France a vraiment toutes les chances
d'être la première région d'Europe :

Nouveau tracés routiers, nouvelles zones d'activités,
nouvelles interconnexions
pour les transports...
c'est l'Ile-de-France qui progresse.

Qualité du cadre de vie et de l'environnement...
c'est l'Ile de France qui respire.

Développement
des stages de formation professionnelle,
aides aux PME-PMI...
c'est l'Ile de France qui réussit.

CONSEIL REGIONAL
ILE-DE-FRANCE
VOYONS LOIN, VIVONS MIEUX

4

1. À quel(s) thème(s) du dossier 6 se rattache chacun des documents présentés dans cette double page ?

2. Rédigez deux versions d'un commentaire du tableau «L'entreprise et la société» :
   a) en prenant en compte les renseignements concernant la France seule,
   b) en comparant les différents pays représentés.

3. Quels sont, parmi les «délits en tout genre» qu'énumère le document 2, ceux qui concernent :
   a) les personnes, b) les biens privés, c) les entreprises ?

4. Parmi les questions interdites par la loi lors d'un recrutement, quelles sont celles qui vous paraissent porter le plus atteinte : à la vie privé du candidat ? à ses opinions de citoyen ?
   Quelle interprétation donnez-vous à la formule «adéquates, pertinentes et non excessives» ?

5. À qui s'adresse l'annonce du Conseil régional d'Île-de-France ? Quels atouts de la région sont mis ici en évidence ? Comparez cette annonce à celle de Provence-Alpes-Côte d'Azur Développement (document 6, p. 63) : quels sont les points communs et les différences ?

VOCABULAIRE

■ «*Tous les termes qui, de près ou de loin, tendent à évoquer l'exclusion sont peu à peu rayés du vocabulaire...*» (LE p. 138)

1. Certains euphémismes ont été forgés récemment, d'autres sont plus anciens : reliez chaque terme de la colonne 1 à l'euphémisme correspondant de la colonne 2 :

1	2
1. un concierge	a. commettre une indélicatesse
2. un instituteur	b. un congé de fin de carrière
3. une femme de ménage	c. décéder à la suite d'une longue maladie
4. une serveuse de restaurant	d. un demandeur d'emploi
5. un aveugle	e. une dépouille mortelle
6. un sourd	f. détourner des fonds
7. un fou	g. un économiquement faible
8. mourir	h. être remercié
9. mourir d'un cancer	i. une hôtesse de table
10. le corps d'un mort	j. un malade mental
11. voler	k. un professeur des écoles
12. voler de l'argent	l. quitter ce monde
13. être licencié	m. un malentendant
14. un chômeur	n. un régisseur d'immeuble
15. un plan de réduction du personnel	o. une technicienne de surface
16. un retraite anticipée	p. un plan social
17. un pauvre	q. un malvoyant

■ «*La qualité globale de l'information...* » (LE p. 144)

L'information

- les médias – médiatique – médiatisé(e)
  la presse – le «quatrième pouvoir»
  la presse écrite – les journaux – les périodiques – les magazines – les lettres d'information
  la rédaction – un journaliste – un éditorialiste – un grand reporter – une agence de presse
- l'audiovisuel – la radio – la télévision
  une chaîne – un programme – une tranche horaire
  un animateur – un présentateur
- informer – communiquer
- censurer – la censure – l'auto-censure
- l'information est neutre – libre – biaisée

---

2. Complétez ces énoncés avec l'un des mots du mini-lexique ci-dessus :

1. La presse est surnommée .... par référence aux pouvoirs législatif, exécutif et judiciaire.

2. Les journalistes doivent-ils pratiquer une certaine forme de .... ?

3. L'information que vous trouverez dans ce journal est souvent .... du fait de l'orientation politique de la ....

4. Le .... du journal de 20 h à la télévision dispose d'une demi-heure pour commenter l'actualité.

5. Le très .... ministre de la Culture a été interviewé quinze fois en une semaine.

■ *«La nouvelle délinquance en col blanc» (LE p. 152)*

3. Relevez dans les textes du dossier 6 tous les termes qui concernent la délinquance, en les classant selon les catégories : atteintes à la personne – atteintes aux biens – entorses à l'éthique.

■ *«L'éthique est sans obligation…» (LE p. 138)*

4. Le suffixe «-tion» permet de construire des noms à partir de verbes. Tous ces substantifs apparaissent dans ce dossier. Trouvez le verbe dont ils sont dérivés :

1. une protestation
2. la direction
3. la revendication
4. la multiplication
5. la corruption
6. la communication
7. la rédaction
8. une interaction
9. une modification
10. une traduction
11. l'interdiction
12. la corruption
13. une conviction
14. l'arrestation
15. une obligation
16. une attraction
17. une prétention
18. la prolongation
19. la conception
20. une provocation

■ *«Pour se mettre dans leur peau de banlieusards» (LE p. 156)*

Quelques expressions autour du corps

La peau
avoir quelqu'un dans la peau
avoir la peau de quelqu'un

Le dos
en avoir plein le dos
avoir le dos au mur
renvoyer deux personnes dos à dos

Le ventre
ça me fait mal au ventre de
avoir de l'estomac

Les jambes
cela me fait une belle jambe !
prendre ses jambes à son cou

Le cœur
avoir le cœur gros
manquer de cœur
avoir mal au cœur
avoir le cœur sur la main

Les bras
tomber à bras raccourcis sur
avoir le bras long
avoir quelqu'un/quelque chose sur les bras
prendre quelqu'un/quelque chose à bras le corps

Le pied
prendre son pied
mettre les pieds dans le plat
sauter à pieds joints sur
trouver chaussure à son pied

5. Récrivez ces énoncés en langage familier à l'aide des expressions ci-dessus :

1. Dès que j'ai lu cette petite annonce, je me suis précipité sur l'occasion.
2. En cas de vol, vous aurez droit à une indemnité supplémentaire. Je n'apprécie pas cet avantage.
3. Vous savez, il est très influent.
4. Si cela continue, nous lui dirons franchement ce que nous en pensons.
5. Ces jeunes sont courageux.
6. La fraude fiscale est un problème grave auquel le nouveau gouvernement s'est attaqué vigoureusement.
7. S'ils continuent, ils finiront par le tuer.
8. Véronique est toujours prête à se dévouer, à rendre service.
9. Cela me désole de voir ce monument tomber en ruine.
10. Il devra démissionner, il ne peut plus rien faire.

■ «*Et plus souvent, ils ne sont que la mise en évidence de gènes de prédisposition...*» (*LE p. 146*)

Les différents sens du verbe «être»

6. Transformez ces phrases en remplaçant «être + ... » par un verbe plus précis :

apprécier – détester – favoriser – gronder – importer – manquer – posséder – s'apprêter – se réjouir – servir

1. Vous êtes en possession d'un tableau qui peut intéresser le musée du Louvre.
2. Les deux adversaires sont prêts à signer un accord.
3. Toute la région est en colère : le tracé de la nouvelle ligne de chemin de fer risque de défigurer des paysages superbes.
4. Le budget de l'État, cette année, est favorable aux PME.
5. Ils sont dépourvus de moyens.
6. Je voudrais être utile à mon pays.
7. Je suis heureuse à l'idée de vous rencontrer.
8. Il est content du cadeau qu'on lui fait.
9. Pour moi, cette affaire est très importante.
10. Il avait ce livre en horreur.

GRAMMAIRE

TEST

■ «*Que signifie le droit à la colère humiliante... ?*» (*LE p. 149*)

1. Posez des questions en utilisant le pronom interrogatif (parfois précédé d'une préposition) qui convient :

1. .... de ces propositions êtes-vous d'accord : les taggers sont des artistes ? les taggers sont des vandales ?

2. Cette fois-ci, il y aura dans notre ville trois candidats bien placés aux élections municipales : .... allez-vous voter ?

3. .... as-tu prêté ton vélo ?

4. Les sujets du bac de philo étaient très difficiles cette année : .... a-t-elle choisi ?

5. .... pensez-vous quand vous conduisez ?

■ «*Tel est l'inventaire publié par le ministère de la Recherche*» (*LE p. 142*)

2. Actif/Passif. Le français contemporain emploie souvent la construction passive. Mettez au passif les énoncés suivants :

Exemple : Tel est l'inventaire que publie le ministère de la Recherche
→ Tel est l'inventaire qui est publié par le ministère de la Recherche.

1. On abordera cette question dans le dossier suivant.
2. Jusqu'au 31 décembre, les banques ont échangé tous les vieux billets de 10 F.
3. Dans les grandes surfaces, le public choisit les produits en fonction du prix plutôt que de la marque.

4. En France, on ne peut pas ouvrir un magasin le dimanche sans autorisation.

5. Tu sais, Jacqueline, on lui a volé son auto-radio !

6. Un mois avant l'incendie, un technicien avait vérifié toute l'installation électrique.

7. On ne connaîtra pas les résultats définitifs des élections avant deux ou trois jours.

8. Ces dernières années, on a accompli de grands progrès en biologie.

■ «*Intuitivement, on le savait depuis toujours.*» (LE p. 146)

3. «Il y a» «depuis» «cela fait…que» : quelle tournure choisir pour exprimer la durée ?

1. .... dix ans que nous attendons une loi limitant les expérimentations animales.

2. Les mesures de sécurité mises en place, ... cinq ans dans les usines du groupe ne tenaient pas compte des risques de banditisme informatique.

3. Il a la même voiture .... vingt ans : une vieille Renault qu'il a peinte en vert pomme !

4. .... six mois, elle est entrée dans le groupe Danone pour s'occuper de la promotion des conditionnements pour la parfumerie.

5. .... deux ans que nous ne l'avons pas vu, ... son installation à Montréal.

■ «*Est-ce à un «krach éthique» que l'on assiste aujourd'hui ?*» (LE p. 140)

4. Encore et toujours les prépositions… Complétez par la préposition qui convient. Le signe ø indique qu'il n'y a pas lieu d'en mettre une. Attention à l'orthographe !

1. Il a accepté .... vous écouter ?
   a. *de*   b. *à*   c. ø

2. La direction a admis .... augmenter le poste «mécénat» dans le prochain budget.
   a. *de*   b. *à*   c. ø

3. Après de longues discussions, les experts sont arrivés .... la conclusion suivante…
   a. *de*   b. *à*   c. ø

4. Il ne vous a pas téléphoné, car il craignait .... vous déranger.
   a. *de*   b. *à*   c. ø

5. Vous lui avez permis .... venir ?
   a. *de*   b. *à*   c. ø

6. Ce virement a été effectué .... un client français.
   a. *de*   b. *par*   c. ø

7. Je cherchais un livre rare et je suis tombée .... un libraire très compétent
   a. *à*   b. *sur*   c. ø

8. Nous sommes convenus .... nous rencontrer lundi prochain.
   a. *de*   b. *à*   c. ø

9. Ils ont été très sensibles .... votre geste de bonne volonté.
   a. *à*   b. *sur*   c. ø

10. Vous êtes fâché .... lui ?
   a. *avec*   b. *contre*   c. ø

■ *«Nous pourrions en suggérer quelques-unes.» (LE p. 149)*

5. «Quelque» ou «quel que» ? Complétez les phrases suivantes (accordez si nécessaire) :

1. .... millions de Français sont concernés par cette mesure.

2. .... puisse être sa décision, je m'y conformerai.

3. Nous connaissons .... membres du conseil d'administration.

4. .... grande que soit mon admiration pour ce personnage, je n'admets pas son attitude.

5. .... 50 000 personnes ont visité cette exposition.

CONVAINCRE

▬ Le processus de l'argumentation

Convaincre suppose la confrontation de deux ou plusieurs points de vue et le développement d'une argumentation pour faire prévaloir son opinion.

On peut se trouver dans l'un des quatre cas de figure suivants :

Les points de vue sont	Il y a
– totalement convergents	accord total
– totalement divergents	désaccord total
– convergents, mais les parties expriment quelques réticences	accord partiel
– divergents mais les parties sont prêtes à céder sur certains points	concession de part et/ou d'autre

▬ La présentation des arguments

On présente une liste d'arguments de même poids	**une énumération** où les arguments sont séparés par : – des virgules (,) – des points-virgules (;) – des points (.) **des mots-charnières** pour introduire et relier les arguments – et, aussi, par ailleurs, encore, puis – d'abord, ensuite, enfin – premièrement, deuxièmement – dans un même ordre d'idées, de la même manière, sur le même plan – il en est de même
On introduit des arguments de plus en plus forts	– plus *(+ adjectif)* – en (tout) premier lieu, en second lieu, en dernier lieu – de plus, en outre, – qui plus est – d'autant que – par-dessus le marché
On présente différents points de vue	– d'un certain point de vue – d'une part... de l'autre – soit... soit – et... et – d'un côté... de l'autre – ni... ni

1. Dans le 2ᵉ paragraphe de l'article «Morale ou Tabou» (LE p. 138), relevez tous les arguments qu'emploie Philippe Éliakim pour démontrer que la transformation du vocabulaire lié à l'exclusion relève du tabou. Analysez ces arguments en vous aidant du tableau ci-dessus : s'agit-il d'arguments de même poids ? de poids différent ? comment sont introduits ces arguments (ponctuation, mots charnières, expressions) ?

2. Pour chacune des situations suivantes, trouvez trois arguments que vous articulerez sous la forme d'un paragraphe :

1. Un vendeur de voitures d'occasion veut convaincre un client d'acheter un break au lieu d'un coupé.

2. Un représentant d'une association de défense des animaux veut convaincre le ministère de la Recherche qu'il faut interdire complètement les expérimentation animales.

3. Un groupe de journalistes veut convaincre la profession de la nécessité de rédiger un Code de déontologie de la presse..

4. Une marque de produits amaigrissants veut convaincre les consommateurs d'essayer sa nouvelle gamme verte.

L'expression de l'accord et du désaccord

1er cas : Accord total

Pour exprimer l'accord, l'adhésion

– oui
– tout à fait – parfaitement
– d'accord
– c'est vrai / il est vrai que
– c'est juste – c'est cela – c'est ça – c'est sûr/c'est sûr que
– c'est certain / il est certain que
– bien sûr, bien sûr – en effet – effectivement, évidemment
– vous avez raison – vous avez tout à fait raison – vous avez cent fois raison – vous avez mille fois raison
– je ne peux qu'être d'accord avec vous
– je ne peux qu'abonder dans votre sens
– j'approuve *(+ nom)*
– je reconnais
– je partage tout à fait votre point de vue / votre analyse de la situation

3. Lisez les énoncés suivants et répondez en marquant votre accord (variez les formules à l'aide du tableau ci-dessus) :

Exemple : Le gouvernement a interdit la publicité pour les cigarettes. → Je trouve qu'il a eu bien raison !

1. Il est temps de mettre fin à la délinquance informatique !
2. Je pense que certaines expériences génétiques sont très dangereuses.
3. Pour un journaliste, le manque de culture et de métier est une véritable faute professionnelle.
4. Le Comité d'éthique est opposé au fichage par l'ADN.
5. Dans certains cas, les entreprises utilisent en matière de recrutement des méthodes qui constituent un véritable abus de pouvoirs.

2e cas : Désaccord total

Pour exprimer le désaccord, l'opposition

– non, non à *(+ nom)*
– au contraire – contrairement à
– ce n'est pas cela (du tout) – ce n'est pas vrai – pas du tout
c'est faux – il est faux de *(+ infinitif)* – je m'inscris en faux contre
– vous avez tort de *(+ infinitif)*
– vous êtes dans l'erreur – c'est une erreur de
– je ne partage (pas du tout) votre point de vue
– s'élever contre *(+ nom)* – s'insurger contre *(+ nom)*
– s'opposer à *(+ nom)* – être contre *(+ nom)* – à l'opposé, au contraire

4. Voici trois sujets qui soulèvent des polémiques dans la société française : imaginez ce que pourrait dire un opposant à chacune de ces mesures (variez les formulations à l'aide du tableau ci-dessus) :

    1. Le rétablissement de la peine de mort pour certains crimes.

    2. Les expérimentations animales en cosmétologie.

    3. L'institution d'un concours d'entrée à l'université pour sélectionner les candidats.

    4. La possibilité pour un employeur de licencier un salarié malade du SIDA.

    5. L'ouverture le dimanche de tous les magasins qui le souhaitent, et sans autorisation comme c'est le cas actuellement.

3ᵉ cas : Accord partiel

Pour exprimer des réserves, des réticences

– mais, cependant, néanmoins, toutefois
– oui, mais / cependant
– peut-être, mais – c'est possible, mais
– d'un certain point de vue… mais
– certes, … mais
– pour autant – pour autant que
– il n'empêche que – il n'en demeure pas moins que
– de mon point de vue
– je vous suis sur ce point… en revanche
– je ne vous suis qu'en partie
– je ne suis pas tout à fait d'accord avec vous
– je ne peux qu'être d'accord avec vous, mais
– permettez-moi d'exprimer les réserves suivantes
– j'ai quelques réserves à formuler
– en ce qui me concerne (+ *conditionnel*)

5. Vous entendez les affirmations suivantes. Vous n'êtes pas tout à fait d'accord. Vous répondez en utilisant l'une des expressions ci-dessus. Variez les formulations.

    1. Les enseignants ne sont plus ce qu'ils étaient.

    2. Les émissions en direct à la télévision ont tué le vrai journalisme.

    3. Vous avez été très imprudent dans la conduite de cette affaire.

    4. Plus on parle d'éthique moins on la pratique.

    5. Il faut interdire la carte d'identité génétique et contrôler la pratique des tests génétiques.

6. Reprenez les énoncés de l'exercice 3 et marquez une adhésion avec réserve.

4ᵉ cas : Concession

Pour exprimer une concession

– pourtant – cependant – toutefois
– tout de même – quand même – malgré – en dépit de
– pour – pour autant – bien que
– quelque – quel… que
– quoique – quoi… que – quoi qu'il en soit
– toujours est-il que
– en tout cas, de toute manière – de toute façon
– même si – en tout état de cause – malgré tout
– ne serait-ce que – ne fût-ce que
– je vous l'accorde – je vous le concède
– je reconnais que – j'admets que

7. Dans l'interview «Vers un retour de la morale ?» (LE p.153), caractérisez chacune des réponses d'André Comte-Sponville : explication – expression d'un accord – d'un désaccord – de réserves – de concessions.

8. Vous travaillez pour une société qui vend des installations de sécurité. Vous préparez un argumentaire pour convaincre (choisissez l'un des cas suivants) :

    a) le propriétaire d'un pavillon en banlieue parisienne de s'équiper d'un système complet d'alarme ;
    b) le directeur d'une PMI de province de mettre en place un plan de sécurité pour son entreprise.

RÉDIGER

▬▬ Une lettre de réclamation

Le corps de la lettre de réclamation
Vous pouvez choisir différents plans pour présenter votre réclamation ; toutefois, certains éléments sont indispensables :
– le motif de la réclamation : pourquoi cette réclamation ?
– le rappel des faits : de quoi s'agit-il ?
– qui est concerné, qui est à l'origine du problème : qui ?
– à quelle date se sont produits les faits : quand ?
– en quel lieu se sont produits les faits : où ?
– la manière dont se sont produits les faits : comment ?
– la réparation attendue par l'auteur de la lettre :
      quoi ? (quelle réparation ?)
      quand ? (dans quel délai ?)
      comment ? (sous quelle forme ?)

Quelques expressions pour exprimer son mécontentement

> – Je tiens à vous dire mon vif mécontentement à l'occasion de…
> – Je vous exprime tout mon mécontentement pour…
> – Nous avons été très / extrêmement mécontents de…
> – Nous regrettons d'avoir à vous rappeler que…

Quelques expressions pour demander réparation

– Nous souhaitons…	+ *nom ou infinitif*
– Nous vous demandons de…	+ *infinitif*
– Je demande que…	
– J'apprécierai que…	} + *subjonctif*
– Nous exigeons que…	

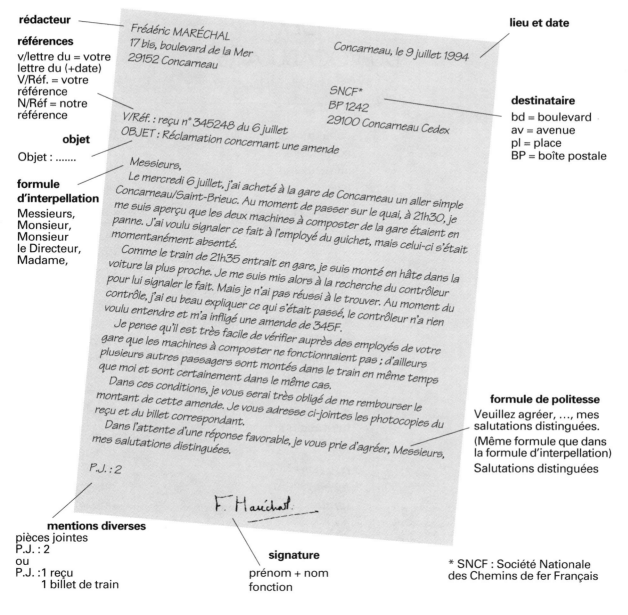

rédacteur

références
v/lettre du = votre
lettre du (+date)
V/Réf. = votre
référence
N/Réf = notre
référence

objet
Objet : ....

**formule
d'interpellation**
Messieurs,
Monsieur,
Monsieur
le Directeur,
Madame,

lieu et date

destinataire
bd = boulevard
av = avenue
pl = place
BP = boîte postale

formule de politesse
Veuillez agréer, ..., mes
salutations distinguées.

(Même formule que dans
la formule d'interpellation)

Salutations distinguées

mentions diverses
pièces jointes
P.J. : 2
ou
P.J. : 1 reçu
         1 billet de train

signature
prénom + nom
fonction

* SNCF : Société Nationale
des Chemins de fer Français

Letter content:

Frédéric MARÉCHAL
17 bis, boulevard de la Mer
29152 Concarneau

Concarneau, le 9 juillet 1994

SNCF*
BP 1242
29100 Concarneau Cedex

V/Réf. : reçu n° 345248 du 6 juillet
OBJET : Réclamation concernant une amende

Messieurs,
Le mercredi 6 juillet, j'ai acheté à la gare de Concarneau un aller simple Concarneau/Saint-Brieuc. Au moment de passer sur le quai, à 21h30, je me suis aperçu que les deux machines à composter de la gare étaient en panne. J'ai voulu signaler ce fait à l'employé du guichet, mais celui-ci s'était momentanément absenté.
Comme le train de 21h35 entrait en gare, je suis monté en hâte dans la voiture la plus proche. Je me suis mis alors à la recherche du contrôleur pour lui signaler le fait. Mais je n'ai pas réussi à le trouver. Au moment du contrôle, j'ai eu beau expliquer ce qui s'était passé, le contrôleur n'a rien voulu entendre et m'a infligé une amende de 345F.
Je pense qu'il est très facile de vérifier auprès des employés de votre gare que les machines à composter ne fonctionnaient pas : d'ailleurs plusieurs autres passagers sont montés dans le train en même temps que moi et sont certainement dans le même cas.
Dans ces conditions, je vous serai très obligé de me rembourser le montant de cette amende. Je vous adresse ci-jointes les photocopies du reçu et du billet correspondant.
Dans l'attente d'une réponse favorable, je vous prie d'agréer, Messieurs, mes salutations distinguées.

P.J. : 2

F. Maréchal

9. Dans la lettre de réclamation publiée dans le dossier 2 (LE p. 41), repérez les différentes rubriques et parties de la lettre et leur formulation. Comparez cette lettre aux éléments fournis ci-dessus.

10. Rédigez une lettre de réclamation à l'aide des éléments suivants :

— Vous avez acheté, au rayon matériel audio- visuel d'un grand magasin, un téléviseur portable et un magnétoscope.

— En vous aidant des notices des constructeurs, vous avez essayé, sans succès, de raccorder le magnétoscope au téléviseur.

— Vous avez téléphoné à plusieurs reprises au rayon concerné qui vous a renvoyé au service après-vente, qui vous a renvoyé au service technique.

— Le service technique vous propose de vous envoyer un technicien, moyennant paiement (en fonction du temps passé).

— Vous refusez de payer pour une mise en route qui devrait être, selon vous, un service gratuit au client.

INDEX
DU VOCABULAIRE

INDEX
DE LA GRAMMAIRE

L'EUROPE ET L'UNION EUROPÉENNE

Les 15 pays de l'Union européenne :

Pays	Entrée effective dans l'U.E.	Population (1995)	Unité monétaire
ALLEMAGNE	1958	81 600 000 hab.	Deutsche Mark
AUTRICHE	1995	7 900 000 hab.	Schilling
BELGIQUE	1958	10 100 000 hab.	Franc belge
DANEMARK	1973	5 200 000 hab.	Couronne danoise
IRLANDE	1973	3 560 000 hab.	Livre irlandaise
ESPAGNE	1986	39 200 000 hab.	Peseta
FINLANDE	1995	5 050 000 hab.	Mark finlandais
FRANCE	1958	57 800 000 hab.	Franc français
GRÈCE	1981	10 400 000 hab.	Drachme
ITALIE	1958	57 900 000 hab.	Lire
LUXEMBOURG	1958	395 000 hab.	Franc luxembourgeois
PAYS-BAS	1958	15 200 000 hab.	Florin
PORTUGAL	1986	9 900 000 hab.	Escudo
ROYAUME-UNI	1973	57 900 000 hab.	Livre sterling
SUÈDE	1995	8 700 000 hab.	Couronne suédoise

LES RÉGIONS FRANÇAISES

NORD-PAS-DE-CALAIS
Lille
Arras
Amiens
Laon
Charleville-Mézières
Rouen
Beauvais
PICARDIE
HAUTE-NORMANDIE
Chalons-sur-Marne
Metz
St Lô
Caen
Évreux
PARIS
ÎLE-DE-FRANCE
CHAMPAGNE-ARDENNE
Bar-le-Duc
Nancy
Strasbourg
BASSE-NORMANDIE
Alençon
Chartres
LORRAINE
Épinal
ALSACE
Colmar
Saint-Brieuc
Laval
Le Mans
Troyes
Chaumont
Quimper
BRETAGNE
Rennes
Orléans
Vesoul
Belfort
Vannes
Angers
Blois
CENTRE
Auxerre
FRANCHE-COMTÉ
Besançon
Nantes
PAYS DE LA LOIRE
Tours
BOURGOGNE
Dijon
La Roche-sur-Yon
Poitiers
Bourges
Nevers
Lons-le-Saunier
Châteauroux
Niort
Moulins
Mâcon
La Rochelle
POITOU-CHARENTES
Guéret
Bourg
Annecy
Angoulême
Limoges
Clermont-Ferrand
Lyon
Chambéry
LIMOUSIN
AUVERGNE
St Étienne
RHÔNE-ALPES
Périgueux
Tulle
Grenoble
Aurillac
Le Puy
Valence
Bordeaux
Privas
Gap
AQUITAINE
Cahors
Rodez
Mende
Nîmes
Avignon
Digne
Agen
Montauban
Albi
Montpellier
PROVENCE-ALPES-CÔTE D'AZUR
Nice
Mont-de-Marsan
Auch
MIDI-PYRÉNÉES
LANGUEDOC-ROUSSILLON
Marseille
Toulon
Pau
Toulouse
Tarbes
Carcassonne
Foix
Perpignan

100 km

CORSE
Bastia
Ajaccio

LA RÉGION ÎLE-DE-FRANCE

92 : HAUTS-DE-SEINE
93 : SEINE-SAINT-DENIS
94 : VAL-DE-MARNE

VAL D'OISE
Pontoise
Nanterre
Bobigny
93
PARIS
92
94
Créteil
Versailles
YVELINES
Évry
SEINE-ET-MARNE
Melun
ESSONNE

50 km

RÉPONSES AUX TESTS DE GRAMMAIRE

FRANCE : LA NOUVELLE DONNE

1. 1. le paradoxe – la France – de logements – une location à Paris – une grande ville – du temps
2. Le trac – une maladie – de victimes – les comédiens – les hommes politiques – les étudiants
3. La région – de vastes surfaces – le béton – le paysage
4. la quatrième fois – à Paris – du 18 au 25 octobre – la Semaine de l'architecture – aux professionnels – au grand public – d'occasions – un autre regard – la ville
5. la mini-déprime du lundi matin – au fait – votre dose – de café – le week-end – de caféine

2. 1. rien – tout
2. quelqu'un – personne
3. quelque chose – rien
4. on
5. nul
6. telle
7. certains
8. les mêmes
9. les uns – les autres
10. plusieurs – la meilleure
11. tous – toutes

3. 1. Il est grand temps que nous inventions une nouvelle méthode de travail.
2. Il est indispensable que les petites entreprises trouvent des marchés à l'exportation.
3. Il est possible que cette idée paraisse fantaisiste.
4. Il est impossible que vous ne veniez pas.
5. Il est invraisemblable qu'ils n'aient pas compris.
6. Il est certain que le cours de ces actions remontera.
7. Il était impensable que l'Allemagne fût réunifiée.

4. 1. b. d'   2. a.   3. b.
4. c.   5. a.   6. b.
7. a. de   8. b. de – b. du – a.

5. 1. Qu'allez-vous penser de moi ?
2. De combien d'argent disposez-vous ?
3. Nos enfants sont-ils des mutants ?
4. Pourquoi n'a-t-il pas pris le train ?
5. Cette femme ne peut-elle vraiment pas supporter la critique ?
6. Qu'aurait-on pu faire pour éviter l'accident de l'Airbus A 320 ?
7. A-t-on jamais félicité un tricheur d'avoir triché ?
8. N'y a-t-il pas moyen d'accélérer le mouvement ?
9. Avez-vous remis votre dernière note de frais à la comptabilité?
10. Les Français sont-ils en train de changer d'attitude à l'égard de l'argent ?

60 MILLIONS DE CONSOMMATEURS-CAMÉLÉONS

1. 1. de nombreuses années – les voitures japonaises
2. du bon temps
3. l'année dernière
4. une part importante
5. Chère Agrippine
6. Les produits verts – des produits chers
7. Pauvre garçon
8. Les pays pauvres
9. une fausse question
10. un développement certain des parcs naturels
11. La cohésion sociale est l'objectif prioritaire du nouveau gouvernement.
12. Ce grand homme était de petite taille.

2. 1. prises
2. punie
3. achetée
4. utilisées – expérimentées
5. vu – décidé – ouvertes
6. convaincus
7. effectuée – concernés

3. 1. se sont endormis
2. avez-vous passé – nous nous sommes un peu ennuyés
3. a accepté – s'est laissé – a eu
4. t'es lavé les mains
5. avez pu

6. a obtenu – a voulu

7. n'a pas fait – aurait dû

8. a fait – ont été

9. ci-joint – aviez demandés

10. ci-jointe – avons adressée

11. se sont abstenus

12. suis désolé(e) – j'ai perdu – m'aviez confiés

4. 1. Je n'en sais rien ! Demande-le lui !

2. Non, je regrette, il n'y en a plus depuis long-temps.

3. Alors donnez-le moi, s'il vous plaît.

4. Ne t'inquiète pas ! Je le leur dirai.

5. Dites-lui que je l'en remercie.

6. Je vous les rendrai demain matin.

5. 1. c.

2. a.

3. b. – c.

4. a.

5. c.

6. a.

6. 1. de ne pas arriver avant 20 h

2. ne sont pas très sympathiques

3. Cette question n'est-elle pas en train

4. Nous n'aurions pas aimé

5. ne pas les faire attendre

3

LE TOUR D'UNE VIE EN 40 000 HEURES

1. 1. a.

2. b.

3. d.

4. a.

5. b.

6. b.

7. c.

2. 1. b.

2. a.

3. c.

4. c.

5. a.

6. c.

7. a.

8. b.

9. c.

10. a.

11. c.

12. a.

3. 1. Ils n'en ont pas rencontré beaucoup d'heureux.

2. Nous en connaissons quelques-unes.

3. Pouvez-vous nous en citer une ou deux ?

4. Prenez-en plusieurs !

5. N'en avez-vous pas eu assez pour aujourd'hui ?

4. 1. Les ouvriers de cette entreprise font directe-ment appel (ou «font appel directement»)

2. il y en aura toujours dans les banques

3. les machines sont partout présentes (ou «pré-sentes partout»)

4. Ah ! Vous êtes déjà là ? C'est bien, nous allons pouvoir commencer immédiatement.

5. Nulle part, vous ne trouverez… (ou «vous ne trouverez nulle part»)

6. L'opinion de ce journaliste n'est pas très claire.

7. il y a environ 2 % des patrons

8. Nos résultats financiers sont relativement bons

9. Elle parle beaucoup.

10. il a trop plu cet hiver.

11. Nous avons souvent remarqué

12. S'il le faut, je suis même prête à le recevoir aujourd'hui ! (ou… je suis prête à le recevoir même aujourd'hui !)

13. Entre eux, il n'y a pas de véritable amitié.

14. Les habitants de ce quartier sont tout heureux

15. Ils ont trouvé assez difficilement

5. 1. «En 1983, Pei fut sollicité – (qui clôt) – il mena ; personne ne connut la nature du projet qui motiva – où il se lia – Pei ne rentra pas – qui lui confièrent – le firent opter – avait pour titre – Pei devint – lui valut – confirma – qui reçut

2. «En 1983, je fus sollicité – je menai – où je me liai – je ne rentrai pas – qui me confièrent – me firent opter – je devins – me valut – et je reçus

6. 1. soit

2. disparaisse

3. qu'elle ait

4. vouloir travailler/qu'elles voulaient travailler

5. Quelle que soit

6. que vous examiniez

7. Quoi que vous fassiez

8. que l'on réduisît

9. fût

10. Bien que le chômage ait frappé

4

UNE SI JOLIE PETITE PLAGE

1. 1. a.
   2. c.
   3. b. ou c.
   4. a.
   5. a. – f.
   6. c.
   7. a.
   8. b. – e.

2. 1. Vous appellerez le plombier en rentrant.
   2. Il s'est cassé une jambe en sortant de sa baignoire.
   3. Je travaille et il en profite ! *(inchangé)*
   4. Cette année, les contribuables ayant un compte d'assurance-vie ont payé moins d'impôts .
   5. Vous arrivez à téléphoner en conduisant ?
   6. N'oublie pas de m'écrire quand je serai à Paris. *(inchangé)*
   7. Nous vous remercions à l'avance, veuillez agréer, Monsieur, nos salutations distinguées. *(inchangé)*
   8. Il soigne sa grippe en restant au lit.
   9. En ne répondant pas, tu pourrais laisser croire que tu es d'accord.
   10. Ils se sont quittés en se promettant de se revoir la semaine suivante.
   11. À l'annonce de l'avance des troupes ennemies, les habitants se sont enfuis en abandonnant tous leurs biens dans la ville assiégée.

3. 1. a. examiner
   2. b. demandé
   3. a. signer
   4. b. allégé
   5. b. lésés
   6. a. envisager – a. référer
   7. a. exprimer – c. apporter
   8. a. penser – d. autorisée

4. – ce qui s'est passé – je n'étais pas encore né –
   vous y étiez – si j'y étais – j'ai participé –
   ça a dû être impressionnant – ça a été
   ça devait être impressionnant – c'était (ou ce fut)
   nous étions – on connaissait – arrivait – nous

avions déjà brûlé … et brisé – ça n'allait pas plus loin – vous avez été arrêté – je ne restais pas – quand on commençait – je préférais – duraient – vous avez gardé – ont fait ensuite … sont devenus – étaient

5. 1. quand
   2. quant
   3. Quand
   4. Quant
   5. quand

5

LES MARIÉS DE L'AN 2000

1. 1. les miens
   2. la nôtre
   3. la mienne – la tienne – le tien
   4. le vôtre

2. 1. C'est à ma mère que je pense.
   2. C'est cela qui est grave !
   3. C'est le problème dont nous allons nous occuper.
   4. C'est la personne à qui est destinée cette lettre.
   5. C'est ce point de l'ordre du jour qui est le plus important pour tous les participants.

3. 1. Si l'on refuse
   2. Si le sens un mot anglais peut être exprimé
   3. Si ce que la météo annonce est vrai
   4. Et si nous décidions
   5. Si j'avais su que
   6. Si les enfants cessaient de regarder
   7. S'il disposait d'un budget plus important
   8. Si vous m'aviez dit que vous aviez des problèmes
   9. Si vous n'aviez pas alerté la presse
   10. Il faudrait

4. 1. aurez fini – pourrai
   2. aura défini – pourront
   3. va éditer/éditera
   4. soit
   5. investiront – risquent – va devenir/deviendra

5. 1. a.
2. b.
3. c.
4. c.
5. b.
6. a.
7. c.
8. a.
9. b.
10. b.
11. b.
12. b.

6
LA VALSE DES ÉTHIQUES

1. 1. Avec laquelle de ces propositions êtes-vous d'accord …
2. Pour lequel allez-vous voter ?
3. À qui as-tu prêté ton vélo ?
4. Lequel a-t-elle choisi ?
5. À quoi pensez-vous

2. 1. Cette question sera abordée dans le dossier suivant.
2. Jusqu'au 31 décembre, tous les vieux billets de 10 F ont été échangés par les banques.
3. Dans les grandes surfaces, les produits sont choisis [par le public] en fonction
4. En France, un magasin ne peut pas être ouvert le dimanche sans autorisation.

5. Tu sais, Jacqueline s'est fait voler son auto-radio !
6. Un mois avant l'incendie, toute l'installation électrique avait été vérifiée par un technicien.
7. Les résultats définitifs des élections ne seront pas connus avant deux ou trois jours.
8. Ces dernières années, de grands progrès ont été accomplis en biologie.

3. 1. Cela fait dix ans que que nous attendons
2. Les mesures de sécurité mises en place en 1991 il y a cinq ans
3. Il a la même voiture depuis vingt ans
4. Il y a six mois, elle est entrée dans le groupe BSN
5. Nous ne l'avons pas vu depuis deux ans, depuis son installation à Montréal.

4. 1. a.
2. a. (d')
3. b.
4. a.
5. a.
6. b.
7. b.
8. a.
9. a.
10. b.

5. 1. Quelques millions de Français
2. Quelle que puisse être sa décision
3. quelques
4. Quelque grande que soit mon admiration
5. quelque

NOTES

NOTES

Maquette et mise en page : CND international
Éditeur : Françoise Lepage

N° d'éditeur 10042086 - II - (20) - OSBK - 80°
Imprimerie **Jean-Lamour**, 54320 Maxéville
Imprimé en France - Juillet 1997
N° 97070053